AU CŒUR DE LA LIBYE
DE KADHAFI

www.editions-jclattes.fr

Patrick Haimzadeh

AU CŒUR DE LA LIBYE DE KADHAFI

JC Lattès

Maquette de couverture : Atelier Didier Thimonier
Carte : Atelier Didier Thimonier

ISBN : 978-2-7096-3785-5

© 2011, Éditions Jean-Claude Lattès.
    Première édition avril 2011.

Pour mon fils Alexandre.

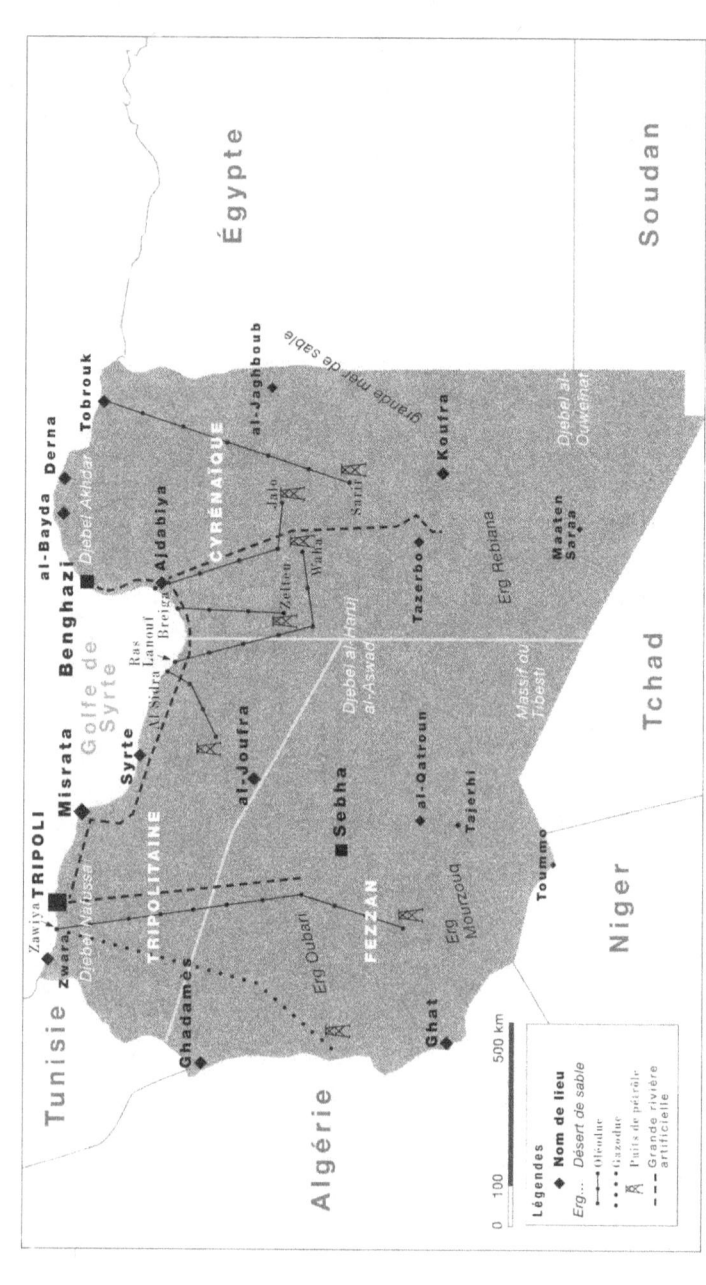

LES PRINCIPAUX ACTEURS

LE PEUPLE LIBYEN : Selon les estimations les plus courantes, la population libyenne compte aujourd'hui plus de 5 millions de personnes. À ce chiffre, il faut ajouter près de 2 millions de travailleurs immigrés pour lesquels il n'existe pas de statistiques officielles. Les jeunes de moins de vingt ans représentent plus de la moitié de la population libyenne.

Peuplée à 85 % de citadins ayant accès aux différents moyens de communication modernes, la Libye est le pays le plus urbanisé du Maghreb et d'Afrique, ce qui n'est pas incompatible avec le fort attachement de sa population aux valeurs arabo-musulmanes et aux structures tribales traditionnelles.

AU CŒUR DE LA LIBYE DE KADHAFI

LE PÉTROLE : Découvert en 1959, il constitue plus de 90 % des revenus du pays, avec une production moyenne comprise entre 1,2 et 1,5 million de barils par jour. Si le pétrole assure la prospérité libyenne, il est également à la base du système clientéliste érigé par le colonel Kadhafi. Il est exporté majoritairement vers l'Europe, et plus particulièrement vers l'Italie.

L'EAU : Indispensable à l'agriculture en milieu désertique, l'eau est un véritable enjeu, qui a donné naissance à l'ambitieux projet de la « grande rivière artificielle ». Pendant plus de vingt ans, le colonel Kadhafi lui a consacré la moitié du budget national, ce qui a permis de doubler les surfaces agricoles. Un succès, du point de vue des Libyens, l'eau gratuite représentant un bien inestimable.

LES « SŒURS ENNEMIES », TRIPOLI ET BENGHAZI : Tripoli, capitale politique et économique de la Libye, est l'emblème du pouvoir kadhafien. Bastion des nouveaux riches, elle jouit d'un vrai dynamisme, que ses 1,5 million d'habitants contribuent à soutenir. Face à elle, Benghazi, la ville de l'opposition au régime, où est née la révolte de 2011. Plus conservatrice aux plans moral et religieux, elle est aussi restée plus attachée aux solidarités tribales traditionnelles.

LES PRINCIPAUX ACTEURS

LE COLONEL MOUAMMAR AL KADHAFI (tribu des Qadadfa) – Né en 1942 dans la région de Syrte, voici le dictateur fantasque et impétueux de la Libye depuis sa prise de pouvoir en 1969. Titre officiel : Guide de la révolution libyenne. A traversé un embargo, deux campagnes de bombardements, des dizaines de tentatives de coups d'État, la chute de l'URSS. A soutenu la plupart des mouvements terroristes dans les années 1970-1980.

La famille du colonel Kadhafi

Les épouses

FATIHA NOURI KHALED : Première épouse du colonel Kadhafi, dont il divorça. On sait peu de choses d'elle, si ce n'est qu'elle est la mère du premier fils du Guide, Mohammad.

SAFIA FARKACHE AL BARA'ISSI (tribu Bara'issa) – Originaire d'al-Bayda en Cyrénaïque – Épouse du colonel Kadhafi depuis 1971 après qu'il eut divorcé de sa première femme. Ils ont eu ensemble sept enfants. Elle est infirmière de formation. Entourée d'ombre, elle apparaît rarement en public. Très impliquée dans les questions sécuritaires, elle dispose d'une influence forte au ministère de l'Intérieur (comité populaire de la sécurité générale).

Les enfants

MOHAMMAD – 40 ans. Le premier fils de Kadhafi. Ingénieur en informatique, responsable de l'Autorité générale des postes et des télécommunications, il est le seul à avoir des fonctions officielles dans l'appareil administratif libyen. À ce titre, c'est lui qui attribue les marchés de téléphonie mobile aux deux entreprises du secteur. Président de l'automobile club libyen, du comité olympique et du deuxième grand club de football, il bénéficie d'une certaine popularité auprès de la population en raison de sa discrétion et de sa compétence dans ses domaines de responsabilité. Ses différends avec son demi-frère Saadi sont connus. N'a pas d'ambition affichée dans le domaine politique et n'est pas intéressé par les questions militaires.

SAYF AL-ISLAM KADHAFI – 39 ans. Souvent présenté comme le dauphin. Intermédiaire politique de son père et opérateur économique incontournable à Tripoli. Il contrôle la National Oil Company dirigée par un proche et les sociétés de holding pétrolier – Oilinvest – et de finance *Libyan Arab Foreign Investment Company* (LAFICO), qui disposent de plus de 15 milliards d'euros d'actifs à l'étranger. Président de la fondation Kadhafi pour les associations caritatives qui joua le rôle d'intermédiaire dans la négociation sur l'indemnisation des victimes du DC 10 d'UTA en 2003. Président de l'association des droits de l'homme en Libye. Avec la crise amorcée en 2011, Sayf al-islam a développé une image guerrière nouvelle, mettant en avant sa crédibilité militaire. On l'a vu haranguer des foules, un fusil à la main. Cette allure martiale l'éloigne de son image policée et artistique d'antan : inventeur du « style complexe », un « mélange de surréalisme, de collage et de réalisme », le fils du Guide se dit peintre, allant jusqu'à présenter une exposition itinérante en Europe, et notamment à Paris en 2002 ayant pour titre : « Le désert n'est pas silencieux. »

SAADI KADHAFI – 38 ans. S'intéresse essentiellement à trois choses : le foot, les affaires et les femmes. Marié un temps à une fille du général Khuildi al-Humeïdi. Après une brève carrière de footballeur en Italie comme remplaçant titulaire dans l'équipe de Pérouse où il a finalement été condamné pour dopage, il se consacre désormais aux affaires. Vice-président de la fédération libyenne de football. Colonel du génie, commandant du « bataillon de travaux du génie » qui est en fait une compagnie de travaux publics chargée notamment des gros travaux d'infrastructure à Tripoli. Président du plus grand club de football libyen, il est aussi l'importateur officiel de la marque Adidas pour la Libye. Il a un goût prononcé pour les top models avec qui il s'affiche volontiers. Souvent décrit comme violent et imprévisible. Selon plusieurs témoignages, il était présent dans le bataillon de sécurité de Benghazi pendant les premiers jours de la révolte, où il aurait donné l'ordre de tirer sur les manifestants.

MOU'TASSEM BILLAH – 37 ans. Colonel. Commandant d'une brigade interarmes et conseiller pour la sécurité nationale. Il a été reçu officiellement à ce titre en mars 2009 au Département d'État américain. Soupçonné par son père à 27 ans d'avoir tenté d'utiliser son bataillon de blindés pour mener un coup d'État contre lui, il se réfugie six mois en Égypte. Il est ensuite envoyé en Russie pour compléter sa formation militaire. Les liens du sang étant plus forts, il connaît aujourd'hui un retour en grâce et se retrouve au cœur du système militaro-sécuritaire. Grand amateur de femmes, d'alcool et de belles voitures, il s'est fait remarquer dans ses jeunes années par ses frasques en Italie, notamment en août 2001 où il avait provoqué une altercation avec la police.

HANNIBAL – 36 ans. Président de la compagnie maritime libyenne. Bien connu pour son caractère violent. Arrêté sur les Champs-Élysées en 2004 roulant à contresens au volant de sa Porsche, il déclenche une bagarre avec la police. En 2005, toujours à Paris, sa compagne porte plainte contre lui pour coups et blessures. En 2008, son inculpation par la justice helvétique pour mauvais traitements contre ses domestiques créera un grave incident diplomatique entre la Suisse et la Libye.

AÏCHA – 35 ans, célibataire. Surnommée la « Claudia Schiffer libyenne » à cause de ses cheveux blonds décolorés, Aïcha est avocate de formation. Après des études de droit en Angleterre, elle commence une thèse de doctorat à la Sorbonne, rapidement abandonnée. Présidente de l'association caritative *wa'tassimou*. S'est rendue à ce titre en Iraq durant l'embargo pour s'y montrer devant des enfants hospitalisés. Grande oratrice, elle s'est fait remarquer pour ses discours en faveur de l'IRA au Speaker's Corner de Hyde Park à Londres en juin 2000. Très impliquée dans l'immobilier en Libye, où sa gestion des affaires est réputée pour être radicale : faire raser un quartier entier pour y implanter ses projets immobiliers par exemple. Night-clubbeuse à l'étranger, elle a veillé ces dernières années à projeter en Libye l'image d'une bonne musulmane en adoptant en public une tenue respectueuse de la tradition. Aussi fantasque que son père, Aïcha est coutumière des scandales dans les aéroports.

SAYF AL-'ARAB – 29 ans. Officier dans l'armée libyenne. Réservé et peu connu.

KHAMIS – 28 ans. Officier. Commandant une brigade interarmes réputée être la meilleure de l'armée libyenne. Diplômé de l'académie militaire et de l'école de guerre russe. Discret et calme, à l'inverse de ses frères. Il a été le premier à étreindre son père après son désormais célèbre discours du 21 février 2011 où il s'engageait à nettoyer la Libye « maison par maison ». À la tête de sa brigade, il aurait été engagé dans les combats autour de la ville de Misrata.

LES PRINCIPAUX ACTEURS

Le clan des fidèles

Ces trois hommes figurent parmi les plus fidèles soutiens du colonel Kadhafi.

L<small>E</small> <small>COLONEL</small> A<small>BDALLAH</small> <small>AL</small>-S<small>ENOUSSI</small> <small>AL</small>-M<small>EGRAHI</small> (tribu des magariha) – 59 ans. Beau-frère du colonel Kadhafi dont il est l'éminence grise. En tant que directeur des renseignements militaires, il est le grand responsable de la sécurité du Guide. Il a fait toute sa carrière dans les services de renseignement où il était longtemps en charge de la neutralisation des opposants en exil et des opérations terroristes. Il a à ce titre été condamné par contumace en 1998 par la justice française pour ses responsabilités dans l'explosion du DC 10 d'UTA.

M<small>OUSSA</small> K<small>OUSSA</small> (descendant d'une famille ottomane) – 61 ans. Originaire de Tajoura dans la banlieue est de Tripoli. Ministre des Affaires étrangères depuis 2009, c'est le fidèle du Guide le plus médiatique. Excellent anglophone, belle prestance. Titulaire d'un Master en sciences sociales de l'université du Michigan, son mémoire avait pour sujet : « Vie et pensée de Mouammar Kadhafi ». Auparavant il a dirigé les services de sécurité extérieurs de 1994 à 2009. À ce titre, c'est lui qui, après le 11 septembre 2001, a été chargé de la coopération antiterroriste avec les États-Unis après avoir été longtemps interdit de séjour dans ce pays pour son implication passée dans le terrorisme d'État libyen. Il est souvent présenté comme le parrain de Sayf al-islam dont il serait très proche. Sa maîtrise de la rhétorique révolutionnaire fait de lui un interlocuteur redoutable.

LE GÉNÉRAL KHUILI AL-HUMEÏDI. Originaire de Sorman à 70 kilomètres à l'ouest de Tripoli (tribu des Humeïda). Il est en charge du contrôle sécuritaire et, à ce titre, il a hiérarchiquement autorité sur toutes les unités de sécurité. Il était aux côtés du Guide lors du coup d'État de 1967. Outre la sécurité, il s'est vu confier ces dernières années de nombreux dossiers tels que les grands projets agricoles, des projets de rénovation de logements ou encore la réorganisation des postes frontières. C'est un homme discret qui se montre peu. Il apparaît toujours en public vêtu de la tenue de travail réglementaire vert olive de l'armée libyenne.

Les opposants

Jusqu'à présent, c'étaient principalement les islamistes qui tenaient ce rôle. Adversaires réels ou fantasmés par le régime, ils ont subi des répressions sauvages dès les premières années du pouvoir mis en place par le colonel Kadhafi. Rappelons les répressions à Derna en mars et juin 1996 et à la prison d'Abou Salim en juin de la même année, qui firent des centaines de morts.

Introduction

Consacrer un livre à « la Libye de Kadhafi » alors qu'une partie de son peuple se soulève contre lui peut paraître surprenant. Quelle que soit l'issue des combats, le régime du colonel Kadhafi, tout au moins dans sa forme actuelle, n'y survivra pas. Portés par l'émotion et l'immense espoir suscités par les révoltes populaires tunisienne puis égyptienne et les départs forcés de deux vieux dictateurs, nombre d'observateurs prédisaient qu'il en serait de même en Libye. La phrase martelée par Sayf al-islam Kadhafi, au début de la révolte : « La Libye n'est ni l'Égypte ni la Tunisie », était hélas tragiquement prémonitoire.

Dire que ces trois pays sont différents est une évidence. Et pourtant, que connaît-on vraiment de la Libye, hormis les images ubuesques de son dictateur fantasque et de superbes paysages sahariens ? Aujourd'hui, cette région est une fois de plus associée à la guerre. Pour comprendre les origines et les enjeux de cette tragédie, il est pourtant nécessaire de révéler la complexité de ce pays et de son peuple dont l'immense majorité n'a d'autre aspiration que de vivre dans la dignité et la paix.

Le colonel Kadhafi est au pouvoir depuis bientôt quarante-deux ans, soit plus des deux tiers de la vie du jeune État libyen. Analyser les données géographiques et historiques de ce pays ainsi que les structures et les dynamiques de la société libyenne – sur lesquelles il s'est appuyé pour se maintenir au pouvoir depuis plus de quarante ans – est essentiel. Parmi ces invariants, les identités régionales et tribales, les dynamiques des zones frontalières et la redistribution de la rente pétrolière seront ici largement abordées.

Cet ouvrage n'est ni un livre de sciences politiques, ni une étude de sociologie, ni un reportage

INTRODUCTION

journalistique, ni un récit de voyage et il est un peu tout cela à la fois.

Mon intention est de mettre à la portée du grand public une synthèse qui ferait la part des choses entre quatre champs bien distincts : la Doctrine (*Le Livre vert*), les discours du colonel Kadhafi, les institutions officielles et les réalités du terrain. Le hiatus entre les quatre est tel qu'il confine parfois à l'absurde. J'ai donc imaginé ce livre comme une navigation en trois dimensions : celle du temps, celle de l'espace et une dernière qui tiendrait compte des quatre champs précités. Car ce n'est qu'en naviguant d'une dimension à une autre que l'on peut déchiffrer cette société et ce pays aussi complexe qu'attachant.

Mes analyses s'appuient sur un séjour de trois ans en Libye en tant que diplomate. J'ai constaté qu'il existait peu d'ouvrages de synthèse sur ce pays. Et pour cause. La Libye reste fermée aux chercheurs, à quelques exceptions près. Les journalistes quant à eux n'y sont pas les bienvenus et y travaillent dans des conditions difficiles et pendant un temps très court.

La Libye du colonel Kadhafi, c'est l'opacité. Imaginez un pays où il n'existe pas de carte du découpage administratif disponible. Il m'a fallu près d'un an et des dizaines de recoupements et de tâtonnements pour parvenir à établir cette carte administrative. Chaque voyage dans le pays et chaque rencontre étant l'occasion de combler peu à peu mes lacunes. Les portraits de personnages figurant dans le livre se réfèrent tous à des personnages réels. J'en ai simplement changé les noms et quelques éléments de contexte pour qu'ils ne soient pas identifiables.

Pour le chercheur, la presse en Libye, tout orientée vers la propagande et où n'apparaissent que les noms du Guide et de ses fidèles, est d'une piètre utilité. En revanche, c'est dans les rubriques sportives ou nécrologiques, moins soumises à la censure, que l'observateur, comme le soviétologue de jadis, a des chances de glaner quelques nouvelles intéressantes.

Obtenir des informations devient vite un casse-tête en Libye. Bien souvent, la réalité du terrain a démenti mes hypothèses, et il me fallait alors repartir de zéro. La recherche dans ce pays est une école d'humilité et de patience !

Puisse ce livre montrer que la Libye ne se réduit pas à l'image de son dictateur. Elle est avant tout un pays de sept millions d'habitants aussi curieux et

INTRODUCTION

ouverts sur le monde que fiers de leur identité et de leurs traditions.

Mes pensées vont vers eux dans la période tragique qu'ils traversent.

1.

La terre et les hommes

Un pays immense et désertique

Avant même d'arriver en Libye, le visiteur curieux qui consulte une carte est frappé par l'immensité du territoire libyen. Avec une surface de plus de 1 750 000 km² – soit plus de trois fois la France –, la Libye est le troisième plus vaste pays d'Afrique, après l'Algérie et le Soudan. Son littoral méditerranéen de plus de 1 700 kilomètres est le plus long des pays bordant la Méditerranée.

La Libye est également désertique à 95 %. Mis à part une étroite bande côtière longeant la Méditerranée et le massif montagneux du djebel Akhdar à l'est, le reste du pays est un désert ponctué d'oasis. Au centre du pays, le désert rejoint la Méditerranée le long du golfe de Syrte. C'est le désert de Syrte qui constitue de fait une frontière naturelle de 500 kilomètres entre l'ouest (la Tripolitaine) et l'est (la Cyrénaïque). Seul un trajet en voiture de Tripoli à Benghazi – 12 heures de route – permet au visiteur de ressentir l'immensité de cette étendue désertique.

Si le désert évoque le plus souvent les dunes de sable, la réalité est tout autre. En Libye, le désert de sable (*'erg*) ne représente que 20 % de la superficie du pays. Les autres régions désertiques sont constituées soit d'immenses plaines caillouteuses (*sarir*) ou sablonneuses, soit de massifs montagneux (djebel Nafussa à l'ouest, djebel al-akhdar à l'est, djebel al-aswad au centre, Tibesti à la frontière avec le Tchad, djebel al-Ouweïnat à la frontière avec l'Égypte et le Soudan).

De fait, les centres urbains les plus anciens se sont développés en Tripolitaine dans la plaine côtière fertile (Jfara) située entre l'actuelle Tripoli et la frontière tunisienne et, en Cyrénaïque, autour des débouchés naturels sur la mer : Cyrène et son port dans l'Antiquité, puis Derna.

Longtemps, l'agropastoralisme est demeuré le mode de subsistance principal, avec des nuances dans le degré de nomadisme en fonction des régions, les plus désertiques étant traditionnellement les plus tournées vers le nomadisme.

Une population d'une grande homogénéité ethnolinguistique

Pour ce territoire immense, la population est évaluée à quelque 7 millions d'habitants dont 2 millions de travailleurs immigrés. La densité de la Libye, inférieure à 3 habitants au km^2, est l'une des plus faibles au monde.

Cette population est marquée par une grande homogénéité ethnolinguistique avec plus de 95 % d'Arabes. Les dialectes arabes pratiqués en Libye sont relativement proches. Malgré la difficulté d'obtenir des sources fiables — en l'absence de toute donnée officielle sur ce sujet en Libye —, on peut évaluer la proportion de Berbères à 5 %. Dans la sphère privée, les Berbères continuent à utiliser leur langue, le tamazigh, mais ils ne sont pas autorisés à l'utiliser en public et encore moins à l'enseigner. Ces populations sont principalement établies en Tripolitaine dans les villages de montagne du djebel Nafussa ainsi que dans certaines enclaves de la plaine côtière autour de Tripoli (al-Jfara) comme Zwara. Les Berbères du djebel Nafussa se sont particulièrement illustrés dans la résistance militaire à l'occupation italienne. Dans les années 1990, le particularisme culturel et linguistique des communautés Berbères a été sévèrement réprimé par le régime du colonel Kadhafi et de nombreux berbères ont été emprisonnés plusieurs années pour avoir professé leur langue. Ces populations entretiennent des liens transfrontaliers avec les populations berbères d'autres pays du Maghreb, en particulier avec les Kabyles d'Algérie. Il est courant d'entendre le chanteur kabyle Idir dans les petits cafés du djebel Nafussa.

Certaines communautés berbères de religion juive vivaient dans le djebel Nafussa jusqu'en 1967, date à laquelle elles ont quitté la Libye en même temps que leurs coreligionnaires vivant à Tripoli. On trouve également quelques Berbères à Waddan et Sukna dans l'oasis d'al-Joufra et une petite communauté berbère en Cyrénaïque à Awjila.

Les Touaregs, berbères nomades du Sahara, sont quant à eux installés dans le Fezzan aux abords des ergs d'Oubari et de Mourzouq. Leur nombre est évalué à environ 50 000. Ils pratiquent la langue tamasheq qui a les mêmes origines linguistiques que le tamazigh et maintiennent eux aussi des liens avec les Touaregs des pays environnants (Algérie, Niger,

Mali). Ces populations ont abandonné leur mode de vie nomade ou semi-nomade et se sont aujourd'hui sédentarisées dans l'oasis de Ghadamès, et les régions d'Oubari et Ghat. Cette dernière accueille chaque année un festival touareg où se rendent de nombreux Touaregs d'Algérie, du Niger et même du Mali. Mais, contrairement aux populations berbères du djebel Nafussa et de Cyrénaïque, ces populations, que le colonel Kadhafi a toujours veillé à ménager et rétribuer, n'ont jamais constitué un foyer d'opposition au régime.

Citons enfin la population toubou localisée principalement dans la zone bordant les frontières du Niger et du Tchad autour des oasis d'al-Qatroun et Tajerhi à l'ouest et de Koufra et al-Bouzeïma à l'est. Ces Toubous dont le nombre s'élève à quelques milliers parlent la langue *teda* qui appartient au groupe des langues sahariennes et sont apparentés aux Toubous du Tchad et du Niger.

2.
Un État jeune sur une terre de vieilles civilisations

L'Antiquité : l'antagonisme entre Cyrénaïque et Tripolitaine...

Dès l'Antiquité, les régions occidentales et orientales qui forment la Libye d'aujourd'hui ont été rattachées à des aires culturelles distinctes. De fait, la Libye a toujours constitué un carrefour entre les axes de communication est-ouest reliant le Machreq et le Maghreb – la délimitation entre ces deux « régions » étant traditionnellement fixée à une cinquantaine de kilomètres à l'est de Syrte – et les axes sud-nord reliant l'Afrique subsaharienne à la côte. Ces axes de communication sud-nord passaient par les grandes oasis du sub libyen, Mourzouq, Zweila et Koufra. Ils étaient empruntés par les caravanes en provenance d'Afrique sub-saharienne. Aujourd'hui, ces mêmes routes sont utilisées par les immigrants africains pour rejoindre les côtes méditerranéennes.

À l'ouest, aux alentours de 700 avant J.-C., les Phéniciens fondèrent leurs premières colonies durables à Lebdah (l'actuelle Leptis Magna), Oea (l'actuelle Tripoli) et Sabratha. Le développement de Carthage, autre comptoir phénicien, prenant peu à peu le contrôle de ces comptoirs, donna naissance à une civilisation originale, synthèse d'éléments phéniciens et berbères.

À l'est, les Grecs débarquèrent en 640 avant J.-C. dans le golfe de Bomba. Très vite, un chapelet de comptoirs se constitua le long de la côte. Dans les terres, Cyrène, fondée en 631, allait devenir une des cités les plus importantes du monde grec.

Le golfe de Syrte constituait le débouché des grandes pistes caravanières en provenance du sud : il était donc devenu vital pour les Grecs de contrôler cette région. Les Puniques ayant les mêmes intérêts, le conflit entre les deux civilisations devint inévitable. Mais aucune des deux parties ne l'emporta

UN ÉTAT JEUNE SUR UNE TERRE DE VIEILLES CIVILISATIONS

militairement et il fut décidé dans le premier tiers du IVe siècle de régler le conflit pacifiquement en organisant la célèbre course des Philènes. Deux Carthaginois partirent de Carthage et deux coureurs grecs de Cyrène. Leur point de rencontre déciderait de la frontière entre les deux cités. Ils se rencontrèrent finalement à ras Lanuf mais les Grecs accusèrent les coureurs carthaginois (les frères Philènes) d'avoir triché. Plutôt que de se soumettre et de revenir sur leurs pas les Philènes choisirent de s'immoler et la ligne frontière fut tracée sur le site de l'actuelle Madinat Sultan à 50 kilomètres à l'est de Syrte.

La séparation entre la Tripolitaine, carthaginoise puis romaine et la Cyrénaïque, autonome puis dans l'ère d'influence de l'Égypte des Ptolémées, ne cessa pas avec la conquête par Rome de l'ensemble du bassin méditerranéen. Les deux régions, l'une culturellement latine, l'autre grecque, relevèrent de deux provinces différentes. La fin de l'Empire romain, les troubles qui suivirent, notamment l'occupation vandale et la présence intermittente des Byzantins ne mirent pas fin à cet éloignement entre l'est et l'ouest. La conversion au christianisme non plus. L'ouest releva de la métropole de Carthage, l'est d'Alexandrie.

Les conquêtes arabes

Lancée en 642 à partir de l'Égypte, la conquête arabe de la Libye atteignit la Tripolitaine en 643, puis le Fezzan en 663. Au départ, elle ne modifia pas radicalement la culture des Berbères. Si une majorité d'entre eux accepta progressivement de se convertir à l'islam, principalement pour échapper aux impôts frappant les non-musulmans, ils demeurèrent dans l'ensemble attachés à leur langue et n'adoptèrent que rarement l'arabe.

Mais c'est en 1050 que survint l'événement qui modifia le plus profondément la sociologie du pays : l'envoi par le calife fatimide du Caire de deux tribus originaires de la péninsule Arabique. Il voulait ainsi punir la Libye de s'être détournée de l'islam chiite pratiqué par les fatimides et d'avoir fait allégeance au calife abbasside de Baghdad. L'invasion de la Libye par ces deux tribus, les banu Hilal et les banu Suleïm[1], a laissé des traces profondes dans la mémoire collective libyenne du fait des dégâts considérables qu'elles auraient infligés aux populations

---

1. Les descendants des banu Suleïm sont majoritaires en Cyrénaïque. Les descendants des banu Hilal le sont quant à eux en Tripolitaine et dans le Fezzan.

locales sédentaires : confiscation de terres et arabisation forcée.

La Libye ottomane (1551-1911)

Avec la prise de Tripoli par les Ottomans de Soliman le Magnifique en 1551, la Libye devint une province ottomane dont l'autorité administrative fut confiée à un Pacha nommé par le Sultan. De 1710 à 1835, la Tripolitaine fut gérée par les Caramanlis, une dynastie de pachas sécessionnistes de l'Empire ottoman. La Cyrénaïque releva, elle, de l'Égypte au moins jusqu'en 1798.

Les Ottomans reprirent le pouvoir en 1835 mais la Libye resta jusqu'à la fin de l'Empire ottoman reléguée au rang de province secondaire. À la fin du XIXe siècle, la volonté ottomane d'empêcher Français et Italiens de prendre pied en Libye, soit par la terre, soit par la mer, entraîna un regain d'intérêt d'Istanbul pour ces territoires lointains. D'une certaine manière, cette résistance participa à la construction de l'idée d'un ensemble libyen cohérent.

La colonisation italienne (1911-1940)

Le 29 septembre 1911, l'Italie, prenant comme prétexte la protection de « la vie et des biens de ses sujets », et désireuse de se constituer un empire colonial, entreprit la conquête de la Libye. En moins d'un mois, Tobrouk, Tripoli et Benghazi furent prises par les troupes italiennes. Au printemps 1912, elles s'étaient rendues maîtres de toute la bande côtière. La conquête du djebel Nafussa (appelé aussi djebel Gharbi) fut plus dure du fait de la résistance de jeunes officiers turcs et cette région ne tomba aux mains des Italiens qu'en 1913. Malgré cela, le 17 octobre 1912, l'Empire ottoman renonçait à sa souveraineté sur la Libye par le traité d'Ouchy.

La Première Guerre mondiale amena l'Italie à rapatrier en Europe l'essentiel de ses troupes. Bientôt, les Italiens ne contrôlèrent plus que la Tripolitaine. En Cyrénaïque comme dans le Fezzan, le harcèlement permanent de bandes insurgées les contraignit à se retirer presque totalement. Mais c'est la confrérie soufie al-Sanoussiya qui constitua vraiment le cœur de la résistance à l'envahisseur. L'importance de cette confrérie et son rôle dans la résistance, la construction de l'identité de la Cyrénaïque et l'avenir de la Libye indépendante méritent que l'on revienne sur son histoire.

UN ÉTAT JEUNE SUR UNE TERRE DE VIEILLES CIVILISATIONS

Son fondateur, Mohammad Ibn Ali al-Sanoussi, naquit en 1787. Issu d'une famille de Mostaghanem en Algérie, dont on disait qu'elle descendait du Prophète par sa fille Fatima, il poursuivit ses études religieuses à Fez puis à l'université al-Azhar du Caire où il critiqua les Oulémas égyptiens (docteurs de la loi islamique) pour leur docilité à l'égard du pouvoir ottoman. Il prôna la possibilité pour tout musulman instruit de pratiquer l'*Ijtihad* (interprétation individuelle du texte sacré et des traditions) en suivant la voie du soufisme, c'est-à-dire de la mystique. Ces positions lui valurent d'être finalement expulsé d'al-Azhar. Après un séjour à La Mecque, influencé par la doctrine rigoriste du wahabisme, il s'installa dans le sud de la Cyrénaïque à Jaghboub où il fonda sa première *zawiya* (loge confrérique) en 1856. Mohammad al-Sanoussi préconisait dans sa théocratie la croyance dans l'immamat, c'est-à-dire dans une conception théocratique de l'État entraînant le refus de l'obéissance à des chefs non musulmans, ce qui explique en partie l'attitude hostile des Sanoussis à l'égard des Italiens.

À sa mort en 1859, ses fils Mohammal al-Mahdi et Ahmad al-Shérif poursuivirent l'expansion de la confrérie. À son rôle religieux originel, la Sanoussiya ajouta une action culturelle, économique et politique qui se concentra sur la lutte contre l'occupation étrangère de l'Afrique du Nord, en particulier l'occupation française au Tchad et en Algérie. Londres soutint la Sanoussiya et reconnut Idriss Ier (successeur de son oncle Ahmad al-Shérif) comme émir héréditaire de Cyrénaïque.

C'est l'arrivée de Mussolini au pouvoir en 1922 qui relança la conquête de la Libye. Après des échecs militaires initiaux en Cyrénaïque, il nomma à la tête de son armée le maréchal Grazziani qui accepta la mission, à la condition de pouvoir utiliser tous les moyens pour briser la résistance. L'émir Idriss se réfugia au Caire avec les principaux chefs de la Sanoussiya.

Les Italiens subirent de sérieux revers militaires en Cyrénaïque. Les *zawiya* structurèrent la résistance et le terrain escarpé se prêta particulièrement à des opérations de guérilla. Le maréchal Grazziani se lança alors dans une répression sanglante [1]. Il construisit une barrière de barbelés de 300 kilomètres dans le désert, le long de la frontière égyptienne pour couper la rébellion de ses bases arrière en Égypte et déporta massivement des populations

---

1. Les deux ouvrage rédigés par le maréchal Grazziani : *À l'assaut du Fezzan* et *La Cyrénaïque pacifiée*, traduits en arabe ont été publiés en Libye. Ils sont disponibles en librairie à Tripoli et Benghazi.

dans des camps de concentration. La résistance était guidée par Omar al-Mukhtar [1], figure charismatique qui, avec le soutien du réseau de confréries de la Sanoussiya, fédéra de nombreuses tribus dans la lutte contre l'occupant. Ce n'est qu'avec la capture du vieux résistant en septembre 1931 que la rébellion s'épuisa. Mais c'est vraiment la chute de Koufra en 1932 aux mains des troupes italiennes qui marqua la fin de vingt ans de guerre.

Le bilan fut terrible pour les Libyens. Les opérations militaires, la faim, la maladie et les déportations firent plus de 80 000 morts. La Cyrénaïque fut de loin la plus touchée avec la disparition de plus de la moitié de sa population. Au plan économique, le système agro-pastoral traditionnel fut anéanti par les déportations qui causèrent la perte des 9/10e du cheptel. L'âpreté des luttes en Cyrénaïque contribua à renforcer l'identité de la région et son particularisme. L'implication de la Sanoussiya dans la

---

1. On verra à ce sujet l'excellent film *Le Lion du désert* (1981) de John Gielgud dans lequel Anthony Quinn interprète le personnage d'Omar al-Mukhtar. Ce film tourné en Libye dans les régions mêmes des combats avec des milliers de figurants n'a rien à envier au *Lawrence d'Arabie* de David Lean. Il présente en outre des images d'époque saisissantes des camps de concentration italiens en Libye.

résistance conférera en outre, à l'heure de l'indépendance, une légitimité politique au futur roi Idriss Ier, descendant du fondateur de la confrérie.

Une fois la situation militaire sous contrôle, l'Italie put lancer sa politique de colonisation de peuplement. Au total, plus de 100 000 colons s'installèrent en Libye dont plus de la moitié en Cyrénaïque qui, là encore, paya le prix fort par rapport à la Tripolitaine. À leur arrivée, les colons dont la majorité étaient des agriculteurs pauvres originaires des Pouilles et de Sicile se virent attribuer des terres agricoles fertiles confisquées sans contrepartie aux Libyens.

Cette période tragique a laissé des traces dans les mémoires libyennes. La guerre contre les Italiens est connue sous le nom de jihad. Il existe à Tripoli un centre de recherches historiques dénommé « centre du jihad » initialement dédié aux recherches et aux publications sur cette période.

Par ailleurs, il est courant d'entendre, en Cyrénaïque comme en Tripolitaine, des Libyens, jeunes et moins jeunes, prononcer des panégyriques d'une tribu qui se serait illustrée dans la résistance à l'occupant ou dénoncer telle autre qui aurait collaboré avec l'ennemi. Il est fréquent également de lire dans la presse des articles polémiques sur ce sujet donnant lieu à de multiples droits de réponse de lecteurs outragés.

La Seconde Guerre mondiale et le processus d'accession à l'indépendance (1940-1951)

La Libye occupée par les troupes germano-italiennes commandées notamment par le lieutenant-général Erwinn Rommel constitua un enjeu décisif pour les deux camps.

Les principaux affrontements se déroulèrent autour des axes stratégiques est-ouest et nord-sud dont on a vu l'importance depuis l'Antiquité. L'axe est-ouest concrétisé par la route côtière construite par les Italiens fut emprunté par les armées britanniques. Les Français Libres partis du Tchad empruntèrent, eux, l'itinéraire Tajerhi-Gatroun-Mourzouq-Sebha toujours utilisé aujourd'hui par les migrants africains.

À l'est, le désert libyque, immense zone au taux d'aridité le plus élevé au monde, constitua le théâtre d'opérations privilégié des unités spéciales britanniques qui, au départ d'Égypte et *via* Koufra, remontaient vers le nord pour observer ou harceler les lignes italo-germaniques. Les Allemands utilisèrent la même route pour acheminer des espions en

Égypte. Les deux camps surent réutiliser les compétences de leurs explorateurs [1] qui, avant la guerre, s'étaient aventurés dans ces régions reculées pour en établir la cartographie ou rechercher les traces des routes caravanières de l'Antiquité ou de la mythique oasis perdue de Zerzura.

Dès l'été 1940, l'émir Idriss ordonna l'enrôlement de 5 bataillons de volontaires libyens aux côtés des Britanniques. Si cette décision eut peu de conséquences au plan militaire, elle contribua à affirmer sa position auprès des Britanniques à l'heure de l'indépendance.

Après la guerre, en attendant la proclamation d'un ou plusieurs États sur le territoire de la Libye, les trois régions furent administrées séparément par les Britanniques (Cyrénaïque et Tripolitaine) et les Français (Fezzan).

— En Cyrénaïque, l'émir Idriss, accueilli triomphalement, s'installa à al-Bayda en 1947. Après

---

1. Du côté britannique, on citera le major Ralph Bagnold et le cartographe Patrick A. Clayton qui explorèrent et cartographièrent pour la première fois le désert libyque et le djebel al-Ouweïnat dans les années 1930. Du côté allemand, on retrouvera le comte hongrois d'Almassy, aventurier romantique, explorateur et aviateur qui accompagnait les explorateurs anglais précités avant la guerre. Refusé par l'armée britannique en 1940, il se tourna vers l'armée allemande qui le chargea de créer une unité spéciale à vocation désertique. Tous ces personnages apparaissent de manière romancée dans le film *Le Patient anglais* (1996) d'Anthony Minghella inspiré du roman de Michael Ondaatge.

avoir supprimé toute opposition, il proclama l'indépendance de la Cyrénaïque le 1ᵉʳ mars 1949 sans consultation de la Tripolitaine ni des vainqueurs de la guerre.

— La Tripolitaine fut placée sous l'autorité d'une administration militaire britannique en attendant l'adoption d'une résolution de l'organisation des Nations unies. À la différence de la Cyrénaïque, la Tripolitaine ne disposait pas d'un chef politique unique mais d'une multitude de factions. Les liens familiaux et tribaux constituaient la base de l'engagement politique. La confrérie Sanoussie y avait peu de membres et presque aucun dans les villes. Si les prétentions d'Idriss à régner sur l'ensemble des trois provinces étaient claires, il était en revanche beaucoup moins évident que la population de Tripolitaine ait été unanime à l'idée d'une unité sous son autorité. Sa première visite à Tripoli le 19 mai 1951 donna d'ailleurs lieu à un accueil peu enthousiaste.

— Le Fezzan fut, quant à lui, placé sous administration militaire française.

Une Constitution fut finalement adoptée le 7 octobre 1951, qui instituait un royaume fédéral dirigé par le roi Idriss. Les ministres étaient désignés par le roi et chacune des trois provinces était dirigée par un gouverneur – wali – désigné également par le roi. Elles disposaient chacune d'une assemblée législative et d'un conseil exécutif de huit ministres. Le 24 décembre 1951, l'indépendance fut proclamée par le roi à Benghazi, symbolisant par là même le basculement des pouvoirs à l'est et l'abandon de Tripoli comme centre du pouvoir politique.

La Libye monarchique et la découverte du pétrole (1951-1969)

L'apparence d'un État unifié ne doit pas masquer l'importance des particularismes régionaux et des rancœurs de nombre de Tripolitains. L'autoritarisme du roi Idriss ne fit que renforcer ces tensions. Moins de deux mois après l'installation du gouvernement, une crise intérieure secoua le nouvel État. Le parti du Congrès National de Tripolitaine (parti nationaliste tripolitain), après son échec aux élections, affirma qu'il y avait eu fraude et organisa des manifestations qui virèrent rapidement aux émeutes. La répression fut sévère et les principaux chefs arrêtés. Le fondateur du parti, Béchir Saadawi, fut expulsé. Le gouvernement en profita pour dissoudre le parti national et interdire tous les autres.

UN ÉTAT JEUNE SUR UNE TERRE DE VIEILLES CIVILISATIONS

C'est dans ce contexte qu'en 1959 furent découverts les premiers puits de pétrole importants dans la région de Zelten en Cyrénaïque. Après cette découverte, il apparut nécessaire pour des raisons économiques et politiques d'amender la Constitution de 1951. Le pétrole étant localisé en Cyrénaïque cela risquait en effet d'aggraver encore le déséquilibre entre les trois provinces. Pour répartir les richesses pétrolières qui s'annonçaient immenses, il fallait unifier le pays. Afin de promouvoir cette idée d'unité et justifier ainsi la fin du fédéralisme, le pouvoir utilisa le nationalisme arabe, sentiment et doctrine dont la popularité était alors en plein essor au sein des populations arabes. En avril 1963, le roi annonça donc la fin du système fédéral et la transformation du royaume de Libye en un État unifié. Une nouvelle Constitution fut promulguée.

Si cette Constitution fit de la Libye un État centralisé, aux plans politique et administratif, ses structures sociales fondées sur la famille, le clan, la tribu et sa clientèle demeurèrent inchangées et l'appartenance tribale continua à peser plus que les compétences et le mérite pour la désignation des principaux responsables. À un niveau moindre qu'en Cyrénaïque cette situation était vraie aussi en Tripolitaine.

Ce furent l'arrivée de la rente pétrolière et l'urbanisation accélérée qui allaient modifier profondément le visage de la société libyenne. En moins de dix ans, le revenu par habitant passa de 25 à 2 000 USD. Le développement des villes s'accéléra [1] sans que cela s'accompagne de la construction suffisante de logements. En quelques années, la moitié de la population rejoignit les villes à la recherche d'un travail et une grande partie de ces migrants s'entassèrent dans des bidonvilles, dans des conditions misérables, à la recherche d'emplois inexistants. Le gouvernement tenta d'apporter des réponses à cette situation dès 1966 en lançant de grands projets mais les effets mirent du temps à se faire sentir et le mécontentement s'amplifia au sein d'une population déracinée sans relais politiques ou syndicaux pour s'exprimer.

Dans le même temps, de nouvelles classes sociales privilégiées apparurent, de « nouveaux riches » qui se détournaient des modes de vie et de pensée traditionnels : travailleurs dans les industries pétrolières, employés et fonctionnaires créés par le gouvernement pour distribuer des postes au plus grand nombre possible de Libyens. Ainsi le déséquilibre entre des classes nouvelles et relativement aisées et

---

[1]. Entre 1954 et 1964, le taux d'urbanisation est passé de 25,1 à 45,4 % (source : recensements).

le reste de la population qui ne voyait pas encore de retombées positives de la manne pétrolière s'accentua pendant les premières années de l'exploitation pétrolière. La défaite des armées arabes face à Israël en 1967 donna lieu à des émeutes spontanées à Tripoli et à Benghazi. À cette occasion, les Occidentaux et les Juifs furent pris à partie et durent quitter le pays. La colère des manifestants se retourna ensuite contre le gouvernement qui réprima violemment le mouvement en s'appuyant sur ses forces de police fortement militarisées et encadrées par des conseillers britanniques.

Pourtant ce ne fut pas une révolution populaire mais un coup d'État militaire qui abattit la monarchie le 1er septembre 1969.

Le coup d'État du 1er septembre 1969

Le 1er septembre 1969, en l'absence du roi Idriss de Libye, un groupe de jeunes officiers, mettant à exécution un plan secret préparé de longue date, s'empara des principaux points stratégiques du pays. Au nombre de 12, ils affirmèrent appartenir à une instance baptisée Conseil de Commandement de la Révolution (CCR). Quelques jours plus tard, le porte-parole du groupe, un colonel autoproclamé[1] de 27 ans, lut le premier communiqué du CCR. C'est le début du long règne du colonel Kadhafi.

---

1. Mouammar Kadhafi était lieutenant à la date du coup d'État après avoir été rétrogradé de son grade de capitaine pour activisme politique.

3.

Portrait d'un dictateur

On résume souvent la Libye à son seul dirigeant, le colonel Kadhafi. Sa vie, il est vrai, est digne d'une épopée. Fils de bédouins modestes du désert de Syrte, il a dirigé la révolution puis mis en place un régime sans équivalent dans le monde. Projetant tour à tour l'image du jeune héros révolutionnaire panarabe, du porte-parole de l'anti-impérialisme puis du vieux sage africain, il a survécu à toutes les tentatives d'assassinats et aux bouleversements géopolitiques de ces quarante dernières années.

Quelle est la part des convictions, de la posture et du calcul politicien chez le colonel Kadhafi ? Est-il un illuminé ou un comédien hors pair ? Un utopiste ou un pragmatique ?

Une enfance pauvre et une conscience politique révolutionnaire précoce

Né en 1942 d'une famille modeste dans le désert de Syrte situé entre la Cyrénaïque et la Tripolitaine, Mouammar al-Kadhafi appartient à la tribu des Qadadfa, une tribu minoritaire jusqu'alors dans le paysage tribal libyen. Il reçoit une éducation religieuse et s'intéresse très tôt à l'histoire avant d'être envoyé à Syrte à l'âge de 10 ans. L'école étant distante du foyer de ses parents, il dort chaque soir dans les mosquées. Des récits recueillis auprès de ses anciens camarades, il ressort qu'il faisait preuve dès son enfance d'une autorité naturelle sur ses pairs. À l'âge de 14 ans, il quitte Syrte pour Sebha où il suit les cours préparatoires au cycle secondaire. Les événements de Suez de 1956 et l'intervention de l'Angleterre et de la France en Égypte marquent la naissance de son engagement politique. Il participe à des manifestations de solidarité avec l'Égypte et se prend d'enthousiasme pour la personnalité de Nasser. C'est dans le contexte de ce vaste mouvement d'émancipations arabes – guerre de 1956, guerre d'Algérie, bataille du Liban en 1958, unité entre l'Égypte et la Syrie, question palestinienne et révolution au Yémen – que se renforcent chez le jeune Kadhafi le sentiment de l'unité de la Nation arabe et son intérêt pour la révolution arabe. À l'âge de 17 ans, Kadhafi crée avec des camarades une cellule politique clandestine pour organiser l'agitation politique et préparer la révolution. Ses activités lui valent d'être qualifié de meneur et d'être renvoyé de toutes les écoles du Fezzan en 1961. Il renonce alors à l'insurrection populaire et s'oriente vers le coup d'État militaire. Il rejoint Misrata pour y suivre des études de droit en vue d'intégrer ensuite l'académie militaire. Il poursuit son activisme dans l'armée où il est en charge du recrutement et de la cooptation des officiers supérieurs qui assureront aux putschistes de nombreux soutiens le jour du coup d'État.

La construction idéologique de Mouammar al-Kadhafi

On ne peut nier l'originalité de l'idéologie mise en avant par Kadhafi pour asseoir son pouvoir : mélange d'anti-impérialisme, de panarabisme, de référence à l'islam et d'appel permanent à la révolution populaire et au pouvoir direct des masses. Si certains aspects de cette idéologie correspondaient aux modèles dominants de l'époque – rejet de l'impérialisme, panarabisme arabe, appel à la révolution –, d'autres lui sont propres – cette alliance de l'islam et du socialisme, et sa négation de l'État.

Le colonel Kadhafi avoue lui-même que l'éclosion de sa conscience politique et de sa vision du monde et des rapports Nord-Sud datent de la crise de Suez de 1956 et de la guerre d'Algérie. À l'anticolonialisme est venu naturellement s'ajouter l'anti-impérialisme. Le soutien aux mouvements de libération nationale – dont la cause palestinienne – les confrontations militaires avec la France au Tchad et avec les États-Unis dans le golfe de Syrte et le rejet de la présence occidentale en Afrique entrent dans cette logique. S'il soutenait la plupart des mouvements de libération nationale en accueillant souvent sur son sol des camps d'entraînement, il a néanmoins veillé à ne jamais autoriser les Soviétiques à installer de base sur son territoire, ce qui n'excluait pas de leur acheter des équipements militaires en grande quantité[1]. Il était cohérent en ce sens avec ses convictions anti-impérialistes.

---

1. Ne souhaitant pas entrer dans une dépendance exclusive envers l'Union soviétique dans ce domaine, il a également acquis d'importantes

S'agissant de l'islam, son approche reflète là aussi son milieu d'origine et son éducation. Le rapport à la religion dans la Libye rurale était – et est toujours – centré sur la pratique rituelle quotidienne et la prière collective du vendredi. Son père a tenu à lui faire bénéficier d'une éducation religieuse qui lui a permis d'avoir un accès direct au texte coranique. Durant ses jeunes années de scolarité à Syrte, il a pu ensuite apprécier le rôle social de l'islam à l'égard des pauvres. Il en découle une vision qualifiée parfois de « socialisme coranique[1] ». Si cette vision peut apparaître proche par certains aspects de celle des frères musulmans, cela ne l'amènera pas pourtant à se rapprocher d'eux. Il réprimera même violemment ce mouvement qu'il a toujours considéré comme une menace à son pouvoir. Kadhafi n'a par ailleurs jamais caché son aversion pour les théocraties et les mouvements salafites. Il n'a jamais démenti enfin son intérêt pour la révolution française, les socialistes utopiques du XIXᵉ siècle, l'anarcho-syndicalisme et l'œuvre du révolutionnaire chinois Sun Yat Sen. Ainsi, lors d'un entretien sous sa tente avec M. Josselin, secrétaire

---

quantités d'équipements militaires auprès de la France dans les années 1970-1980 (notamment des avions Mirage, des hélicoptères Super Frelon, du matériel de défense aérienne, des patrouilleurs pour la Marine).

1. Hervé Bleuchot. Voir note 1, p. 61.

d'État à la coopération du gouvernement Jospin, le Guide, après lui avoir expliqué qu'il suivait avec intérêt la polémique qui avait cours en France sur le passé trotskyste de M. Jospin, a demandé à M. Josselin de transmettre au Premier ministre son désir de parler avec lui du trotskysme. Le Guide, satisfait de son effet, a poursuivi en disant qu'il demeurait un grand admirateur de Proudhon et Bakounine.

Derrière l'image de l'illuminé

Si le colonel Kadhafi a su très vite recourir à la violence pour parvenir à ses fins, celle-ci ne peut à elle seule expliquer l'exceptionnelle longévité de son pouvoir.

Disposant d'une parfaite connaissance des structures sociales et mentales de son pays et d'une grande intelligence politique, il est en outre beaucoup plus pragmatique que ce que son image pourrait laisser croire. Ce sont ces qualités qui lui ont inspiré le discours de Zwara en 1973, appelant à la révolution populaire et à l'avènement du pouvoir des masses. Ce discours – dont nous parlerons en détail plus tard – pouvait apparaître à première vue comme une fuite en avant. Il fut pourtant un succès politique puisqu'il lui permit, en en appelant directement aux masses, de balayer l'opposition croissante de certains cadres du CCR, des administrations et de la bourgeoisie éduquée de Benghazi et de Tripoli.

S'il semble peu probable que Kadhafi ait pu croire à la pertinence d'une société sans État – il ne pouvait ignorer la nécessité de s'appuyer sur des structures étatiques solides pour la gestion de la rente pétrolière –, il avait en revanche parfaitement compris que cette idéologie du pouvoir direct des masses trouverait un écho chez une frange importante de la société libyenne traditionnellement hostile à l'idée d'un pouvoir central fort.

Au plan extérieur, le colonel Kadhafi a compris dès la fin des années 1990 que le monde avait définitivement changé et qu'il ne pourrait plus continuer à défier les États-Unis comme il l'avait fait durant la décennie précédente. Il avait besoin à terme du retour des compagnies américaines pour remettre en état ses installations pétrolières touchées par l'interdiction américaine des transactions avec la Libye. Il utilisa alors les médiations du Prince saoudien Abdallah et du président Mandela pour reprendre le dialogue avec les États-Unis, et il accepta ensuite toutes les conditions posées par la communauté internationale pour sa réintégration [1] dans le concert des nations. Contrairement à Saddam Hussein, le colonel Kadhafi a compris immédiatement après le 11 septembre 2001 que le monde avait changé. A-t-il senti qu'il pouvait être le prochain régime arabe visé par le Président Bush ? Le fait est qu'il a condamné sans ambiguïté dès le 12 septembre 2001 le terrorisme d'al-Qaïda : « Le monde qui avait autrefois traité la Libye comme un État soutenant le terrorisme comprenait désormais ce qu'était le véritable terrorisme. » Des coopérations discrètes furent dès lors mises en place avec la CIA pour échanger des informations sur le terrorisme.

L'attaque de l'Iraq au printemps 2004 par les États-Unis et la Grande-Bretagne au prétexte que Saddam Hussein détenait des armes balistiques et de destruction massive accéléra sa décision quelques mois plus tard de détruire sous contrôle américain ses armes chimiques et de mettre un terme à ses embryons de programmes nucléaires et balistiques. Dans la semaine qui suivit cette annonce, les gros porteurs de l'armée américaine se posaient à Tripoli et emportaient les matériels concernés.

---

1. Principalement l'indemnisation des victimes des avions de la PANAM et d'UTA et le renoncement au terrorisme et à ses programmes d'armes balistiques et NBC.

Le colonel Kadhafi dispose enfin d'un immense talent pour se mettre en scène. Comédien hors pair, il est parfaitement conscient de l'effet qu'il produit sur son public. Les choix du décor, du mobilier et de ses vêtements sont parfaitement étudiés et concourent à la réussite de sa prestation. Ses longs silences et son regard tourné vers le ciel traduisent la profondeur de ses pensées. L'instant suivant, il sortira de sa poche un papier griffonné, cherchera longuement ses lunettes puis lira à haute voix, témoignant ainsi de l'intérêt qu'il porte aux détails et renforçant l'impression de son omniscience.

Lors d'une rencontre avec les masses à Sebha, il feint l'indignation en écoutant « une simple citoyenne libyenne » prendre la parole pour se plaindre de la corruption, puis après l'avoir complimentée pour sa beauté, il se tourne vers ses ministres, les traite de voleurs et les congédie… avant de les renommer le lendemain à leurs fonctions. Lors des séances du Congrès Général du Peuple (Parlement) consacrées à l'examen du budget, il tance ses ministres comme de mauvais élèves et les somme de revoir leur copie. S'adressant ensuite au ministre de la Santé sans même le regarder : « À combien s'élève ton budget pour les salaires des infirmières ? » Et le ministre de plonger le nez dans ses dossiers et ses tableaux et d'énoncer un chiffre.

Nouvelle indignation du Guide : « Mais tu plaisantes ? C'est insuffisant ! Augmente-moi ça ! »

Son imprévisibilité est une posture qui vise à déstabiliser l'autre. Lors des entretiens avec des journalistes pourtant expérimentés – David Pujadas en 2007 ou Christiane Amanpour en 2011 – il a réussi à prendre l'ascendant et à les laisser sans voix. Que pouvait répondre en effet Christine Amanpour à un Kadhafi goguenard lui déclarant en anglais « My people loves me » (mon peuple m'aime) alors même que la moitié de son pays était en guerre contre lui ?

Un homme de pouvoir redoutable

Si les poses et la mise en scène qui caractérisent les apparitions de Kadhafi peuvent parfois prêter à sourire, voire à rire, cela ne doit pas faire oublier la grande violence du personnage.

Dès 1973 il légitime le recours à la violence dans son discours de Zwara. Les points 2, 3 et 5 de ce discours sont éloquents à cet égard :

2) *l'épuration du pays de tous les « malades »* (*marda*).

Il s'agit surtout des tenants de l'ancien régime, des Frères musulmans, des communistes et des régionalistes (opposants à l'unité arabe).

3) *la pleine liberté pour le peuple et rien pour les ennemis du peuple.*
C'est-à-dire les hypocrites, les arrivistes, les régionalistes et les séparatistes (opposants à l'unité arabe).
5) *la révolution culturelle.*
C'est-à-dire l'autodafé de tous les livres marxistes, capitalistes et contraires à l'islam ; le refus de tous les emprunts inutiles ; l'arabisation complète [1].

Depuis, le colonel Kadhafi n'a jamais cessé de recourir à la violence physique sous différentes formes – emprisonnements, torture, exécutions, répressions à l'arme lourde – pour préserver son pouvoir.

Le discours télévisé du 21 février 2011 restera aussi un moment d'anthologie [2] : « Je traquerai les manifestants et nettoierai le pays pouce par pouce (entendu par pouce de terrain), maison par maison, ruelle par ruelle, pièce par pièce... » Si pour beaucoup d'observateurs étrangers, ce discours pris au premier degré a pu faire croire que Kadhafi avait perdu le sens commun, il a eu en revanche un autre

---

1. Extrait de Hervé Bleuchot, « L'idéologie du colonel Mouammar al-Qaddafi » in *La Libye nouvelle, rupture et continuité*, p. 80 – Centre national de la recherche scientifique, 1975.
2. Ce discours a été mixé sur fond de musique rap et mis en ligne par un rappeur israélien. Son vidéoclip bat des records de fréquentation sur Internet.

effet en Libye où les auditeurs encore indécis de la capitale y ont vu avant tout la détermination intacte du Guide et ont préféré de fait adopter une attitude attentiste, voire se rallier à sa cause. Là encore on peut y voir le signe d'une redoutable intelligence politique.

Le Guide est donc tragiquement fidèle à lui-même, n'en déplaise à ceux qui ont voulu croire ou laissé croire qu'il avait changé ou s'était assagi.

Laissons maintenant l'homme pour tenter de comprendre le système qu'il a mis en place.

4.

Les années Kadhafi

La révolution en marche (1969-1977)

Très rapidement le colonel Kadhafi se révèle le véritable chef du nouveau régime issu du coup d'État et ses camarades du CCR apparaissent en retrait. Le charisme du jeune officier est réel et ses annonces initiales sont prometteuses. Au plan idéologique, il se rapproche du modèle nassérien avec ses trois piliers que sont le nationalisme arabe, le socialisme arabe et le rejet d'un pouvoir théocratique. Il y ajoutera le rôle central de l'islam comme code culturel et référence morale et son rejet de l'État et des pouvoirs intermédiaires.

Cette posture est appréciée par une population acquise à l'idéologie panarabe nassérienne véhiculée alors par la radio égyptienne, « La voix des Arabes ». De fait, ses premières décisions de fermeture des bases britanniques et américaines et de relèvement des pourcentages revenant à la Libye dans les exportations de pétrole ont été bien accueillies par les Libyens. L'expulsion des Italiens qui s'inscrit dans la volonté affichée du nouveau régime de mettre un terme à « l'ordre injuste » qui prévalait sous la monarchie trouve également un écho auprès des populations. D'autant plus que le colonel Kadhafi, orateur hors pair, avait déjà recours à cette époque aux longs discours de plusieurs heures pour expliquer et justifier ses décisions.

Son concept de « révolution en marche » traduit son aversion pour les corps intermédiaires et les obstacles administratifs ou gestionnaires qui pourraient freiner l'élan révolutionnaire et briser le pacte entre le garant de la « pureté révolutionnaire » qu'il incarne – il ne se proclamera « guide de la révolution » qu'en 1979 mais l'esprit est déjà là – et les masses populaires. De même, il rejette toute idée de vie partisane[1], de tribu ou d'organisation

---

1. À l'exception d'un parti unique, l'Union Socialiste Arabe (USA), créé le 11 juin 1971, qui fut davantage un organe de diffusion des orienta-

confrérique qui constituent selon lui des intermédiaires partisans de nature à briser l'unité des masses.

Les premières réformes à caractère social sont bien accueillies par une population impatiente de percevoir les retombées de la manne pétrolière (doublement du salaire minimum, blocage des loyers, arabisation de l'enseignement, grands projets immobiliers…). La personnalisation croissante du pouvoir, la désorganisation que Kadhafi entretient à tous les niveaux de l'État, les tensions qui apparaissent au sein du CCR et avec la bourgeoisie nationaliste qui demande un système représentatif freinent néanmoins rapidement l'élan initial. Les quelques cadres technocrates compétents du régime se voient réduits à l'impuissance. Le système semble bloqué.

C'est le moment que choisit Kadhafi pour reprendre l'initiative. À l'occasion d'un discours surprise à Zwara le 15 avril 1973, il réaffirme la nécessité de l'unité arabe, dénonce les « lois réactionnaires » et critique la bourgeoisie et la bureaucratie. Il fait appel au Peuple et l'invite à « prendre

---

tions révolutionnaires décidées par Kadhafi et de lutte contre la bourgeoisie et la bureaucratie qu'un véritable parti politique. Ce parti fut dissous en 1973.

d'assaut l'appareil administratif » et à démanteler l'État. Ce discours d'une grande violence constitue une rupture : Kadhafi se tourne désormais vers les couches les plus défavorisées, la population rurale et les tribus qu'il oppose à la bourgeoisie urbaine et à la bureaucratie d'État. C'était le début des grandes vagues d'arrestations de Frères musulmans et d'opposants communistes et baathistes.

Le 25 octobre 1975, Kadhafi annonce qu'une tentative de coup d'État d'officiers « réactionnaires » vient d'être déjouée [1]. La répression s'abat sur toutes les formes d'oppositions politiques. Les masses sont appelées à relancer la révolution populaire par la « marche directe » (*zahf*) sur les institutions. Ce sont le lancement effectif de la révolution kadhafienne et la mise en place des « fondamentaux » de son régime qui demeureront jusqu'à aujourd'hui. Le *Livre vert* est publié cette même année. Kadhafi y explicite sa « troisième théorie universelle » et la présente comme « l'alternative au

---

1. Ce complot était dirigé par Omar al-Meheichi, officier originaire de Misrata qui occupait alors le poste de ministre du Plan. Compagnon de route de la première heure de Kadhafi, M. al-Meheichi contestait notamment la priorité accordée par Kadhafi et son Premier ministre 'Abdessalam Jalloud au financement d'opérations de déstabilisations de pays arabes visant à réaliser « l'unité arabe » au détriment de projets de développement en Libye.

communisme et au capitalisme » au moyen de la « révolution permanente » (*al-thawra ilal-abad*). Cette théorie prépare l'avènement du « pouvoir du Peuple, par le Peuple et pour le Peuple ».

La Grande Jamahiriya arabe libyenne populaire et socialiste (à partir de 1977)

Le 2 mars 1977 à Sebha, l'instauration de ce pouvoir du Peuple est officiellement proclamée par un « Congrès Général du Peuple » (Parlement). En l'absence de Constitution en Libye, ce texte constituera la « référence » (*marja'iya*) du nouvel « État des masses » baptisé « Grande Jamahiriya arabe libyenne populaire et socialiste ». Elle est toujours en vigueur [1]. Bien que les mots « peuple » et « populaire » soient omniprésents dans les nouvelles structures, l'autoritarisme et la personnalisation du régime se renforcent, sous couvert de pouvoir du peuple.

Depuis lors, les réformes administratives se sont succédé, interdisant toute action durable et suivie des administrations, à l'exception du secteur

---

[1]. Il existe toujours aujourd'hui un « comité d'étude de la référence » (*lajna dirâssat al-marja'iya*).

pétrolier et de la grande rivière artificielle[1]. Au plan politique, aucune ouverture n'a été concédée par le Guide. Les pouvoirs des exécutifs locaux (dénommés comités populaires de base) ont été limités à des décisions de gestion locale de budgets qui souvent ne leur sont pas ou partiellement versés.

Au plan économique, face à l'échec avéré du modèle d'économie dirigée à la fin des années 1980, le régime entreprend de libérer progressivement certains secteurs de l'économie : réouverture des petits commerces, suppression des subventions sur certains produits de base et autorisation donnée aux agriculteurs de vendre leur production. D'autres

---

1. On estime que le budget consacré à ce projet qui se veut le symbole des réussites de la Jamahiriya représente la moitié du budget libyen. Lancé en 1983, il consiste à puiser de l'eau dans des nappes non renouvelables situées au cœur du désert libyen pour les acheminer jusqu'aux zones côtières habitées par une canalisation semi-enterrée. La première phase, achevée en 1991, relie les puits de la région de Koufra aux villes d'Ajdabiya, Syrte et Benghazi. La seconde, achevée en 1996, alimente en eau la Tripolitaine à partir de puits creusés dans la région de Mourzouq. Une troisième phase relie les deux réseaux et des phases ultérieures sont prévues pour alimenter l'est de la Cyrénaïque et l'ouest de la Tripolitaine. Une part minoritaire de cette eau est consacrée à la consommation urbaine et industrielle ; la majorité est destinée à l'agriculture. À terme, ce projet devrait permettre une augmentation de 50 % des surfaces cultivées. Aucune information fiable n'est disponible sur les réserves d'eau disponibles dans ces nappes souterraines mais il est évident qu'à terme elles s'épuiseront.

libéralisations suivent en 1993, durant la période des sanctions internationales. Ces mesures se révélèrent catastrophiques pour une grande majorité de Libyens qui n'avaient pas les moyens de se procurer les biens de consommation de base proposés à des prix prohibitifs dans les petits commerces privés. Les disparités sociales s'accrurent et une nouvelle classe de spéculateurs vit le jour.

Face au mécontentement croissant de la population, une « campagne d'épuration » fut lancée en 1994 et des comités d'épuration (*lijân tadhîr*) constitués de jeunes officiers encadrés par des membres des comités révolutionnaires furent chargés de traquer « les fraudeurs et les profiteurs ». Les comités d'épuration n'ont jamais été dissous et leurs membres sont régulièrement renouvelés jusqu'à maintenant.

En 2002, ne pouvant désormais plus justifier la dégradation continue des conditions de vie d'une majorité de Libyens, le colonel Kadhafi annonça la légalisation de la libre entreprise. Les Libyens furent autorisés à investir dans les entreprises et des projets privés. L'enrichissement personnel, longtemps interdit officiellement, est encouragé à condition que l'argent du pétrole « ne soit pas gaspillé », celui-ci devant être réservé à la réalisation de grands travaux. La réforme eut des effets bénéfiques sur le petit commerce mais accéléra les pratiques prédatrices de la famille plus ou moins élargie du Guide et des responsables des pouvoirs militaro-sécuritaire et révolutionnaire. Cette dérive affairiste sur fond de frustration sociale, d'atteinte aux droits de l'homme et d'inertie politique est emblématique de cette dernière décennie de l'ère Kadhafi.

5.

Les leviers du système Kadhafi

La longévité d'un régime autoritaire comme le régime libyen ne se résume pas à la qualité de ses systèmes de répression. La peur et la contrainte ne constituent en effet qu'un des éléments d'explication de cette longévité. La capacité à s'appuyer sur les structures traditionnelles de la société ou des organisations de circonstance pour acheter grâce à l'argent de la rente pétrolière et compromettre une large part de la population en est un autre. De même que la pertinence des références culturelles utilisées par le dictateur et l'adéquation de sa « pédagogie » aux valeurs dominantes de sa société. En ce sens, on peut parler de l'existence d'un « pacte implicite » entre le dictateur et son peuple. Ce mot « pacte » peut choquer car il laisse entendre que les deux parties seraient à un niveau d'égalité, qu'il n'y aurait plus de dominant et de dominé. Et pourtant, ce n'est pas nier l'existence de cette relation de domination violente ou faire insulte au peuple libyen que de considérer la relation allégeance-rétribution au cœur du système clientéliste de Kadhafi comme relevant d'un « pacte implicite » entre les deux parties.

La révolte du 17 février constitue, elle, un rejet de ce pacte par une partie du peuple libyen.

Une adéquation avec certaines valeurs dominantes de la société

Dans la Libye de 1969, l'image du colonel Kadhafi « révolutionnaire purificateur venu du désert » était en phase avec les valeurs dominantes de la société. Aujourd'hui encore malgré un taux d'urbanisation le plus élevé du Maghreb[1] et bien que la vie bédouine ait quasiment disparu, le désert, considéré au sens large, continue d'être évoqué

---

1. Au dernier recensement de 1995, 85,8 % des Libyens vivaient dans des villes.

comme une référence pour de nombreux Libyens[1]. Les citadins des grandes villes conservent des liens avec leur région d'origine. Beaucoup y possèdent des terrains où ils se rendent pendant leurs jours de repos. L'aménagement y est en général sommaire. Ils y élèvent parfois quelques chèvres, moutons ou poulets, animaux gardés en semaine par un travailleur africain. Les termes utilisés sont significatifs : « Je vais passer le week-end dans le désert – *al sahra* – ou dans ma ferme – *mazra'a*. » C'est à la fois un lieu d'évasion pour échapper au stress et à la pollution des villes et un lieu de ressourcement et de retour aux valeurs traditionnelles. Kadhafi lui-même passait jusqu'à ces dernières années plusieurs semaines par an dans le désert[2]. Contrairement à Saddam Hussein qui vivait dans l'opulence d'immenses palais, il a toujours veillé à entretenir l'image d'un homme rustique, frugal et simple. Il reçoit ses hôtes sur des chaises de jardin en plastique, sous une tente bédouine à proximité de sa chamelle dont il assure boire un litre de lait par jour.

---

1. On pourra lire sur le thème de la pureté bédouine et du désert les romans d'Ibrahim al-Koni, seul auteur libyen traduit en français. Ibrahim al-Koni, qui réside en Suisse depuis plusieurs années, est considéré par le pouvoir libyen comme un ambassadeur de la culture libyenne.
2. En 1996, le colonel Qadhadi a publié un recueil de nouvelles sous le titre « Escapades en enfer » où il invite à fuir les villes, « ce cauchemar des liens sociaux ».

Peu importe que Kadhafi se mette en scène ou qu'il vive réellement sous une tente bédouine ; pour beaucoup de Libyens, même ceux qui le critiquent, il s'inscrit ainsi dans un certain imaginaire collectif libyen. Son observance religieuse sans ostentation (qui est aussi une des valeurs communément associée à la bédouinité) constitue un autre facteur de proximité culturelle du colonel Kadhafi avec les Libyens pour qui le rapport à la foi et au culte est une évidence.

La société libyenne a bien sûr évolué depuis 1969 et, au fil des années, une partie de la jeunesse libyenne des grandes villes, s'est ouverte à d'autres références culturelles. Les valeurs traditionnelles décrites ici demeurent néanmoins très présentes dans la société libyenne contemporaine.

Des outils de répression choyés par le régime

Walid est commandant dans le bataillon de sécurité Mohammad al-Megarief en charge de la protection du colonel Kadhafi. Son frère est le commandant en second de ce même bataillon. Son mode de vie illustre bien le statut d'un cadre d'une garde prétorienne de Kadhafi.

Walid approche de la quarantaine. Grand et d'apparence sportive, il adore le désert, la chasse au faucon et les femmes. Il appartient à la tribu des Qadadfa et est originaire de la région de Sebha. Il vit dans une grande propriété dont l'entrée est bien dissimulée quelque part dans les jardins qui bordent la route de l'aéroport de Tripoli. Il a été chercher son invité en voiture et l'a amené jusqu'à l'entrée discrète de sa propriété en conduisant tous feux éteints et en veillant à le désorienter par des tours et détours. Il aime recevoir ses hôtes au bord de sa piscine et parler du désert. Au loin dans le parc, deux chamelles. Un claquement de doigts et son serviteur soudanais se précipite pour aller en traire une. Il revient avec un bol de lait fumant qu'il tend à son invité. « Du lait et des dattes, rien de tel pour rester en forme. Et en plus c'est bon pour la virilité. Comme le colonel, je ne bois jamais d'alcool et me contente de la nourriture frugale du bédouin ! » Une jeune femme blonde sort de la tente bédouine dressée dans le parc et vient nager dans la piscine. Elle sort de l'eau, lui adresse un salut dans un anglais au fort accent slave et rejoint la tente. Walid la regarde s'éloigner en souriant et s'écrie : « J'aime trop les femmes. Tu sais, ce qu'il y a de bien dans mon métier ? C'est que je bénéficie souvent de voyages à l'étranger. J'aime aller à Dubaï ou en Syrie ; il y a des femmes superbes là-bas. »

La discussion reprend sur le désert et la chasse. Il est heureux de parler de son désert avec un étranger. Son téléphone portable sonne. Il prend un air grave, donne un ordre sec et précis et s'excuse auprès de son invité : « Cela fait partie du métier. Il faut être disponible 24 heures sur 24. » Le serviteur soudanais revient avec le dîner : viande grillée, légumes et sodas suivis d'un thé rouge préparé à la libyenne, très sucré. Il donne le signal du départ à son invité et le raccompagne à sa voiture.

Depuis le début de la révolte du 17 février 2011, les gardes prétoriennes de Kadhafi, désignées sous le vocable générique de « bataillon de sécurité » apparaissent désormais au grand jour pour ce qu'elles sont : des outils de répression dédiés à la sauvegarde du régime. Mais ces unités ne sont qu'une des composantes de ce que nous appellerons l'appareil militaro-sécuritaire : l'une étant chargée du maillage du territoire et du renseignement (Police, sécurité et Renseignements militaires) et l'autre dédiée au combat. Cette dernière composante regroupe quant à elle deux types d'unités :

— des unités territoriales dénommées « bataillons de sécurité », au nombre d'une dizaine, et réparties sur l'ensemble du territoire en dehors de la région de Tripoli. Leurs missions sont la dissuasion et la répression de mouvements de révolte dans leur secteur de responsabilité. Leurs officiers et leurs hommes sont en général originaires de la région. Les bataillons de Cyrénaïque sont intervenus violemment dans les premiers jours de la révolte mais se sont rapidement débandés. Certains de leurs personnels ont rejoint l'insurrection, d'autres se sont repliés en Tripolitaine.

— Des unités chargées de la protection élargie du colonel Kadhafi et de sa famille – gardes prétoriennes – localisées dans et autour de Tripoli, autour des résidences du Guide à Benghazi et Syrte, et de celle de sa femme à al-Bayda. Leur effectif global atteint environ 15 000 hommes, répartis en trois bataillons de sécurité et trois brigades équipées de chars et d'artillerie. Les officiers sont pour la plupart des qadadfas ou des magariha dont les familles sont connues pour leur loyauté au régime. Leurs personnels disposent de nombreux avantages financiers – bonifications de solde de 100 % – et en nature – voitures, voyages offerts à l'étranger…

Leurs chefs sont des officiers sûrs, souvent des compagnons de longue date du colonel Kadhafi. Leurs sorts lui sont étroitement liés. Ils sont tous mutés fréquemment au bon vouloir du colonel Kadhafi et les relations personnelles priment sur les structures hiérarchiques. Ces cadres sont en outre largement impliqués dans les affaires et contrôlent directement des entreprises, principalement dans les secteurs du bâtiment et de l'import-export. Ils en tirent d'importants profits.

Si l'observateur non averti – et même averti – n'a jamais vu ces unités, c'est normal car tout ce qui touche à leur existence relève du secret. Leurs garnisons sont banalisées et ne portent aucun marquage, de même que leurs véhicules. De plus, leurs hommes portent rarement des uniformes.

Qu'en est-il de l'armée libyenne ?

Méfiant à l'égard de toute structure, institutionnelle ou non qui pourrait menacer son pouvoir, le colonel Kadhafi l'est encore davantage envers l'armée. En 1975, il l'écarta donc du champ politique en prenant prétexte d'une tentative de coup d'État militaire avortée dont deux officiers du CCR auraient été les instigateurs, et il veilla à ce que l'armée libyenne n'existe pas en tant qu'institution. Le recrutement et la promotion des officiers répondirent alors davantage à des critères d'appartenance régionale et tribale que de compétence et de professionnalisme.

Pouvoir du peuple oblige, la Libye ne dispose pas officiellement d'armée mais d'un « peuple en armes » (*al-cha'b al-musallah*). Cette organisation comprend deux grandes composantes :

— l'« alternance populaire » (*munâwaba cha'biyya*). C'est l'armée du peuple. Sur le modèle suisse, tout Libyen non diplômé de l'enseignement supérieur est censé y effectuer un service militaire sous la forme d'une formation militaire initiale de quatre mois suivie d'une période annuelle pouvant aller jusqu'à un mois. Ne disposant ni d'armes ni de munitions, sa capacité militaire est quasi nulle.

— les armées techniques – Marine, armée de l'Air et Défense aérienne – ont également une très faible capacité opérationnelle. Leurs matériels vétustes et mal entretenus sont servis par un corps de professionnels mal payés et plutôt peu motivés. Leur capacité opérationnelle est faible.

Afin de compenser leur maigres soldes, les cadres de ces armées ont développé des activités privées avec ou sans rapport avec leur domaine de compétence. Pour illustrer ce phénomène affairiste qui touche tous les cadres militaires, partons à la rencontre du lieutenant-colonel Tareq qui est officier spécialiste en transmissions au sein d'une division de la Défense aérienne libyenne.

Il est 10 h 30 ce mardi matin et le lieutenant-colonel Tareq est dans son bureau de la base de Défense aérienne. Il est en tenue civile comme d'habitude. En fait, il porte très rarement sa tenue militaire. À quoi bon se changer et se rechanger puisqu'en temps normal il ne passe jamais plus de trois heures au bureau. Il y arrive habituellement vers 7 h 30 puis, après un thé avec des camarades, il se met au travail. Quelques papiers à lire et à parapher, quelques appels téléphoniques à passer, des ordres à donner et normalement, quand tout va bien, il a terminé à 10 heures. Mais voilà, aujourd'hui tout va mal. Pour commencer, il ne trouve pas le tampon encreur dont il se sert pour apposer son cachet sur les documents. D'habitude, il le garde dans sa poche pour être sûr que personne ne l'utilise en son absence mais aujourd'hui il a disparu. Sans doute l'a-t-il laissé chez lui. Et comme un problème n'arrive jamais seul, voilà que son chef a décidé d'organiser une réunion avec le chef de l'équipe de coopérants biélorusses en charge depuis plusieurs mois de la remise en état des matériels soviétiques en service dans la division. Les travaux ont pris du retard et la rumeur court que le colonel Kadhafi aurait menacé de changer des têtes dans la

Défense aérienne. Depuis le bombardement de ses résidences de Tripoli et de Benghazi par les Américains en 1986, le Guide est obsédé par les bombardements et met une pression terrible au chef de la Défense aérienne pour qu'il accélère la rénovation de son système.

À 11 h 30, la réunion se termine enfin. Il ne s'est rien décidé comme d'habitude mais son chef a l'air content. Tareq n'a plus de temps à perdre. Des affaires sérieuses l'attendent à Tripoli. Trente minutes plus tard, il entre dans sa boutique atelier du centre-ville de Tripoli spécialisée dans l'installation d'antennes satellites[1]. Si les technologies modernes n'ont rien à voir avec ce qu'il a appris durant sa formation militaire de transmetteur en Union Soviétique il y a vingt ans, il se sent néanmoins compétent dans ce secteur en pleine expansion depuis quelques années en Libye. D'ailleurs, rares sont les Libyens qui regardent encore leur chaîne nationale et tout le monde sait dans le pays que le colonel Kadhafi reçoit ses visiteurs en regardant CNN ou al-Jazira. Le lieutenant-colonel Tareq salue son fils qui dirige l'atelier en son absence et ses trois jeunes employés – deux Tunisiens et un Libyen – qui sont

---

1. Jolie image ; le mot français « satellite » se traduit en arabe par l'expression « lune artificielle » !

déjà au travail sur des boitiers de réception vendus avec les antennes satellites. Ici pas de militaires ou d'anciens militaires. Ces jeunes sont des autodidactes passionnés d'informatique et de nouvelles technologies. Ils travaillent bien et il les paie en conséquence. Quatre cents dinars libyens par mois, soit le double de sa solde de lieutenant-colonel. Une fois prélevés les salaires de ses employés, Tareq peut compter sur un bénéfice mensuel moyen de 2 500 dinars. Et pourtant, pas question de démissionner de l'armée. Ses fonctions y sont finalement peu contraignantes et surtout le statut d'officier possède quelques avantages. Il y a deux ans il a ainsi bénéficié de la distribution, décidée par le colonel Kadhafi, de voitures à prix réduits aux officiers, et c'est grâce à ses appuis militaires qu'il a pu obtenir l'autorisation d'ouvrir sa petite affaire.

À l'heure qu'il est, la Défense aérienne libyenne n'existe plus après la destruction de ses systèmes de transmission par les bombardements aériens et Tareq a tout son temps pour se consacrer à son atelier.

Si le « peuple en armes » vanté par la propagande officielle ne s'est jamais matérialisé, la révolte du 17 février a en revanche donné un nouveau souffle à ce concept. Une partie du peuple est bien en armes cette fois... contre le colonel Kadhafi.

« Les comités partout »[1]

Quiconque a eu la chance de prononcer ou d'écouter une conférence en Libye a pu constater qu'elle obéit à un rituel bien réglé. L'organisateur, après avoir remercié chaleureusement le conférencier local ou étranger, invite les auditeurs à poser leurs questions. Le premier se lève, remercie longuement le conférencier puis annonce son intention d'ajouter une petite remarque (*mulâhaza bassita*) à la passionnante conférence qu'il vient d'entendre. Il se lance alors immanquablement dans un exposé qui peut durer une quinzaine de minutes au cours duquel, quel que soit le thème initial de la conférence, il en arrive à prononcer le panégyrique de la jamahiriya et de la troisième théorie universelle. L'assemblée libyenne écoute poliment, l'organisateur du débat lui demande non moins poliment de faire bref. Le micro est ensuite donné à un deuxième intervenant pour une question qui se révèle rapidement être un exposé du même genre que le premier. La conférence

---

1. Devise des comités révolutionnaires.

s'achève ensuite généralement sans que personne ait pu réellement poser de questions. Cette anecdote permet de mieux percevoir un des champs d'exercice du contrôle dévolu aux comités révolutionnaires (*lijân thaouriya*) auxquels appartiennent nos deux brillants orateurs.

Dès la tentative de coup d'État déjoué de 1975, le colonel Kadhafi a commencé à évoquer dans ses discours la nécessité pour les « forces révolutionnaires » de prendre la direction des universités et des institutions publiques pour conduire la réforme agraire et l'industrialisation. Mais ce n'est qu'en novembre 1977 que les comités révolutionnaires sont mis en place, quelques mois après la proclamation du pouvoir du peuple. Le colonel Kadhafi présente le rôle des comités révolutionnaires dans un discours prononcé le 7 février 1978 : « Les comités révolutionnaires ne sont ni des organes gouvernementaux, ni des organes officiels, ceux-ci étant supprimés depuis l'avènement du pouvoir du peuple. Ils ont pour rôle de défendre la Révolution et d'inciter les masses à prendre le pouvoir. » Présents dans tous les champs de la société (forces armées, services de sécurité, universités…), ils ont une fonction de contrôle idéologique du type de celle des Gardes rouges chinois ou des Gardiens de la Révolution iranienne.

Le recrutement et la promotion des membres des comités révolutionnaires, au nombre d'environ 30 000, se fait sur la base de la cooptation[1]. Les comités sont particulièrement actifs au sein des universités qui constituent un creuset potentiel de contestation. Les étudiants qui en sont membres sont assurés de réussir leurs examens et d'obtenir de « bons postes » à la sortie. En contrepartie, ils doivent détecter les contestataires et rendre compte si des professeurs venaient à s'écarter de la doctrine officielle dans leurs enseignements.

Au sein des instances de pouvoir local que sont les congrès et les comités populaires de base, ils disposent d'un pouvoir de blocage des nominations de responsables qui ne seraient pas en accord avec la ligne officielle. Formés à la rhétorique, à la prise de parole en public et au travail d'agitation et de propagande, ils s'imposent facilement dans les débats des congrès de base. En complément de ce travail d'agit. prop. classique, ils recourent aussi à l'intimidation, voire à la violence pour peser sur les décisions de ces instances.

Ce sont eux aussi qui sont chargés de la mobilisation des foules pour les « manifestations spontanées »

---

[1]. Ils comprennent au niveau local des ligues de jeunesse, diverses structures paramilitaires et des troupes de scouts pour garçons et filles.

de soutien au Guide de la révolution ou de colère contre un gouvernement étranger ou une décision des Nations unies. La direction des comités révolutionnaires a été longtemps confiée à l'un des beaux-frères du colonel Kadhafi.

Au plan économique, la défense de la pureté révolutionnaire n'est pas incompatible avec le profit et les responsables des comités populaires sont rétribués directement ou sous la forme de participation dans des entreprises. Ces dernières années, le nouveau discours économique libéral du colonel Kadhafi leur a permis de s'engager résolument « dans les affaires ». Tout nouvel entrepreneur libyen devant obtenir leur accord pour développer son affaire, les membres des comités révolutionnaires conservent dans ce domaine un avantage significatif sur leurs concurrents. La « concurrence libre et non faussée » n'est décidément pas d'actualité en Libye !

Si les comités révolutionnaires ont semblé plus en retrait ces dernières années avec la nomination de quelques technocrates aux postes ministériels, ils n'en ont pas moins conservé une place essentielle dans le système de pouvoir kadhafien. Comme les tribus, les comités révolutionnaires ne constituent qu'une des composantes d'un système où tout est affaire de circonstance et où la culture traditionnelle de la négociation et du compromis est plus présente que ne le laisse entendre le discours officiel.

Les Tribus

> « La société doit maintenir la cohésion familiale et tribale »
>
> Extrait du *Livre vert*

A priori tout sépare Abdallah, brillant professeur de littérature de Benghazi, sans illusion sur le régime Kadhafi et Ali, colonel de l'armée de l'air commandant une base aérienne. Le premier a depuis longtemps développé une stratégie de survie en multipliant des activités commerciales privées, discrètes et tolérées afin d'améliorer l'ordinaire d'un professeur d'université dont le salaire mensuel ne dépasse guère 200 dinars (environ 140 euros) tout en veillant à éviter toute compromission avec le régime. Le second, sélectionné pour commander une base, a fait la preuve *a priori* de son adhésion et de sa loyauté au système. Pourtant, au-delà des différences, les deux hommes semblent se connaître et maintenir des relations discrètes et épisodiques. Quel lien pouvons-nous faire entre ces deux hommes si différents qui ne sont ni voisins, ni apparentés ?

Ils sont tous deux membres de la tribu des awaguir, une influente tribu fortement représentée à Benghazi. Originaire de la région d'al-Marj et d'al-Agouriya, zone rurale située à une cinquantaine de kilomètres de Benghazi, cette tribu qui dispose d'un fort sentiment d'identité collective constitue une proportion importante de la population actuelle de la ville[1]. Ses membres, venus à Benghazi pour y travailler, se sont regroupés dans les quartiers en construction en fonction de leur région d'origine et ont maintenu de solides réseaux de solidarité. Affirmant fièrement leurs origines bédouines, les awaguir, de même que les membres des autres tribus d'origine bédouine, aiment à se définir par opposition aux autres habitants de Benghazi qui seraient, quant à eux, descendants de commerçants urbains originaires de Misrata en Tripolitaine. Attachés à leurs traditions, les awaguir aiment à retourner dans leurs terres pour s'y ressourcer. Ils s'y retrouvent et passent la journée autour d'un méchoui.

---

1. De par sa proximité avec les premiers sites d'extraction pétrolière exploités en Libye, Benghazi est devenue dans les années 1960 le siège des compagnies pétrolières opérant dans le pays. Les perspectives d'emploi dans ce secteur ont attiré les populations originaires des régions environnantes.

Des classes sociales très différentes s'y côtoient et des informations sur les uns et les autres sont échangées. C'est sans doute dans ce genre de rassemblement que ʿAbdallah et ʿAli se croisent parfois et échangent sur un mode informel. Ces parcours très différents montrent que le sentiment d'appartenance et de solidarité tribale [1] ne constitue pas un cadre rigide incompatible avec des stratégies individuelles.

En Europe, le mot « tribu » revient régulièrement dans les médias à propos de la Libye. En général, il s'agit d'une phrase générique censée tout expliquer comme : « En Libye, le facteur tribal est très important » ou « En Libye, il faut tenir compte des tribus ». Mais qu'entendons-nous par tribu en Libye ? Ou plutôt qu'entendent les Libyens par tribu ?

Par ce mot, les Libyens désignent un groupe qui se reconnaît dans l'appartenance commune à un ancêtre éponyme dont ils descendent par une filiation fondée sur l'ascendance paternelle. Ce groupe constitue un espace de solidarité, de débat et de médiation. Le représentant du groupe (*cheikh*) appartient généralement à une famille qui se

---

1. Ces valeurs entrent dans le concept de *assabiya* théorisé par l'historien et « intellectuel » du XIVe siècle Ibn Khaldun. Le terme d'assabiya recouvre à la fois la notion positive de cohésion sociale et celle négative de sectarisme qui peuvent être associées à la tribu.

transmet le titre de père en fils. Il dispose d'un rôle de représentation et d'une autorité morale et non du pouvoir de donner des ordres et de se faire obéir. De fait, il a autorité pour régler, par la recherche du consensus, un différend entre membres d'une même tribu et représenter la tribu en cas de différend avec une autre tribu en s'appuyant sur le droit coutumier (*'urf*). Au plan politique, il est l'interlocuteur privilégié du pouvoir local ou central.

Cette structure dite « tribale » est particulièrement forte en Cyrénaïque. Elle n'a plus rien à voir avec le mode de vie bédouin. Le mythe, encore tenace et soigneusement entretenu par Kadhafi, d'une Libye qui aurait été essentiellement peuplée de bédouins plus ou moins nomades avant l'arrivée du pétrole, ne correspond pas à la réalité. En 1945, seuls 25 % des Libyens vivaient sous la tente. À l'arrivée de Kadhafi au pouvoir, ils étaient moins de 10 % et aujourd'hui ce mode de vie est anecdotique. L'organisation tribale n'a donc rien à voir avec le nomadisme.

Par le passé, les pouvoirs en place se sont appuyés sur les tribus pour administrer le pays. L'Empire ottoman intégra les élites tribales locales dans ses structures administratives. Les Italiens ne les ont pas associées à leur administration locale mais ont manipulé les tribus[1] pour des raisons essentiellement sécuritaires. Le tribalisme a ensuite été institutionnalisé sous la monarchie du roi Idriss. La place prépondérante accordée aux représentants des tribus de Cyrénaïque au sein du pouvoir fédéral, par rapport à ceux de Tripolitaine (dont le poids démographique était pourtant supérieur) contribua à susciter des rancœurs parmi ces derniers.

Durant les premières années de la Libye révolutionnaire de 1969 à 1975, le pouvoir ne fait pas référence aux tribus. L'heure est à l'unité arabe, à la révolution et aux réformes sociales. En 1975, le *Livre vert* remet à l'honneur la tribu et lui consacre un chapitre entier[2]. Les tribus figurent donc en bonne place dans le projet du colonel Kadhafi de suppression de l'État.

Elles y ont d'autant plus leur place qu'elles sont indissociables du phénomène de clientélisme qui est au cœur du système kadhafien.

---

1. C'est un colonel, Enrico de Agostini qui a établi les premières et seules encyclopédies généalogiques des tribus de Tripolitaine et Cyrénaïque. GOVERNO DELLA TRIPOLITANIA, UFFICIO POLITICO MILITARE, *Le popolazioni della Tripolitania. Notizie etniche e storiche raccolte da Enrico De Agostini, tenente colonnello addetto all'ufficio stesso*, Tripoli, 1917. GOVERNO DELLA CIRENAICA, *Le popolazioni della Cirenaica. Notizie etniche e storiche raccolte dal Colonnello Enrico De Agostini*, Bengazhi, 1922-1923.

2. Cf. pp. 131 et suivantes. Édition arabe du centre mondial d'études et de recherches sur le *Livre vert*, Tripoli, 1999.

À l'époque ottomane comme sous la monarchie, les tribus se devaient d'être représentées aux différents échelons du pouvoir pour défendre leur intérêt collectif. Aujourd'hui, il s'agit d'assurer l'accès à la rente pétrolière. De son côté, l'État doit veiller à répartir la rente de façon à respecter les équilibres subtils entre tribus donc entre régions. Toute rupture d'équilibre menace la paix sociale, voire l'unité du pays. Le colonel Kadhafi, en fin connaisseur de son pays, a su depuis plus de quarante ans composer avec les tribus en alternant contrainte, menace, rétribution et négociation. En 1994, à la suite du soulèvement d'officiers de la tribu des warfalla, il a mis en place des structures de « représentation » des tribus, des clans et des notables : les « commandements populaires sociaux » (CPS). Chaque CPS dispose d'un coordinateur qui a préséance sur tous les responsables de la région et est l'interlocuteur officiel des autorités de Tripoli. Le coordinateur des commandements populaires a un rôle sécuritaire et de préservation de la paix sociale. À ce titre, il assiste *ès qualités* aux réunions des instances exécutives du pouvoir local – comités populaires de chaabiyate – sur lesquelles il dispose d'un droit de regard étendu [1].

---

1. Le coordinateur des CPS assiste également aux réunions du comité de conciliation de la chaabiyate, structure chargée de traiter les différends

LES LEVIERS DU SYSTÈME KADHAFI

Le recours à la solidarité tribale pour obtenir un poste, une promotion, un crédit, un logement ou faire avancer son dossier pour obtenir un passeport est donc courant à l'échelon local. Si cela ne suffit pas, il faut disposer d'un « contact » à Tripoli pour « débloquer » les choses. Il est courant de voir un Libyen de condition modeste parcourir plus de 1 000 kilomètres au volant de sa vieille voiture ou en autocar pour venir à Tripoli de Cyrénaïque ou du Fezzan afin d'y rencontrer un « cousin » haut fonctionnaire, voire ministre. Un autre « cousin » de sa région d'origine lui aura auparavant communiqué le numéro de téléphone portable du haut responsable. Dans le cas contraire, il trouvera facilement son adresse et s'y rendra directement où il ne manquera pas d'être reçu et écouté.

Comme nous l'avons vu dans l'anecdote sur les awaguir, ce cadre est suffisamment souple pour autoriser à la fois les stratégies individuelles et les solidarités à l'intérieur d'une même tribu. En cas de crise, les solidarités sont vite activées comme on a pu le voir dès le début de la révolte du 17 février 2011. Les bataillons de sécurité constitués de personnels

---

intertribaux. Ces comités sont composés des cheikhs de tribus, de chefs de lignée et d'experts en droit coutumier ('urf) de la chaabiyate. En cas de différend avec une tribu d'une autre chaabiyate, le comité de conciliation traite l'affaire avec les comités de conciliation de la chaabiyate concernée.

originaires de la région se sont ainsi rapidement ralliés aux insurgés comme ce fut le cas pour ceux de Tobrouk et d'al-Marj. Notre colonel awaguir a fait de même !

L'islam et les confréries soufies

Les premières années de la révolution (1969-1975) ont laissé peu de place à l'islam dans les discours et les décisions, le CCR se contentant d'interdire l'alcool et d'imposer le calendrier musulman en plus du calendrier julien. L'heure était à l'unité arabe et aux réformes sociales. Comme pour les tribus, c'est en 1975 que l'islam apparaît réellement dans la doctrine et les discours du colonel Kadhafi. Dans le *Livre vert*, il est fait référence à la religion – le mot islam n'étant pas cité nommément – comme fondement de la justice sociale. Au plan doctrinal, il s'agissait d'affirmer la complémentarité et la compatibilité de la Révolution et de la troisième théorie universelle avec l'islam. Cette posture prophétique lui attirant l'hostilité croissante des théologiens (oulémas), le colonel Kadhafi se retrouva dans l'obligation de les neutraliser politiquement. Il entreprit de leur dénier le monopole de l'interprétation du texte sacré. Selon lui, chaque musulman doit pouvoir faire sa propre interprétation du Coran (*ijtihad*) qu'il n'appartient pas aux oulémas de lui imposer. Ce faisant il s'autorisait sa propre lecture du Coran pour légitimer ses réformes. En juillet 1978, le colonel Kadhafi se déclara ouvertement contre la polygamie qu'il estima illégitime au regard de sa lecture du texte coranique. Il argumenta sa thèse en rappelant que la polygamie est autorisée dans le Coran à condition qu'il y ait une parfaite équité de traitement entre les épouses. Or il est impossible pour un époux de respecter cette condition, ce qui équivaut à supprimer toute légitimité coranique à la polygamie. Au plan juridique, cela se traduisit dans la « charte verte des droits de l'homme » adoptée en juin 1988 qui confirme le principe d'égalité entre les hommes et les femmes, et stipule que le mariage est une association libre entre deux parties et que nul ne peut être contraint au mariage ou au divorce sans le consentement du conjoint ou à défaut, sans jugement équitable [1]. Cette charte n'a pas en revanche de valeur juridique pour interdire la polygamie qui de fait pourra

---

[1]. C'est notamment la raison pour laquelle le colonel Kadhafi s'est parfois vu attribuer le qualificatif de « féministe ». Au titre de ses réalisations dans ce domaine figurent aussi la création d'une académie militaire féminine, l'admission des femmes dans la police ou encore la formation de femmes pilotes.

continuer en théorie d'exister. Dans la pratique, la polygamie est très peu pratiquée en Libye. Pour conforter sa position contre les oulémas et les Frères musulmans, le colonel Kadhafi y inclut également l'interdiction pour toute personne ou groupe de se prévaloir de l'islam pour entreprendre des actions politiques.

Au plan pénal, les peines d'amputation des mains des voleurs et de lapidation des femmes adultères prévues par la charia ont été introduites dans la législation en 1987. Elles n'ont cependant été appliquées qu'une seule fois en 2002 [1]. Tout en défendant la valeur symbolique et dissuasive de la peine d'amputation (*hadd*), le colonel Kadhafi considère en effet qu'elle ne doit pas être appliquée.

L'islam, religion d'État, est aujourd'hui placé sous contrôle étroit des autorités. Les oulémas, les imams, les prêches et les activités caritatives sont étroitement contrôlés par le pouvoir à travers

---

1. En juin 2002, cinq condamnations à des peines d'amputation de membres ont été prononcées à l'encontre de voleurs de voitures à main armée, en application du code de la loi islamique. Les amputations ont été réalisées sous anesthésie générale à l'hôpital militaire de Tripoli et l'événement largement médiatisé avec photos des membres amputés à la une des journaux. Les voleurs avaient attaqué un site pétrolier en Cyrénaïque et volé des véhicules tout terrain appartenant à la Compagnie nationale des pétroles. On ne s'attaque pas impunément au pétrole !

« l'autorité des biens de mainmorte – *waqf* – et de l'aumône légale – *zaka* » qui peut s'apparenter à une sorte de ministère des Affaires religieuses. La formation des cadres est assurée par une université des sciences religieuses dépendant de cette autorité, l'université al-Asmariya de Zliten. Les imams des petites mosquées sont quant à eux « accrédités » par cette autorité après avis des services de sécurité, des comités révolutionnaires et des représentants tribaux. Les mosquées importantes disposent en général d'une *madrassa* (école coranique) chargée de l'enseignement religieux pour les enfants. Des *manara* (écoles secondaires d'enseignement juridico-religieux) pour les plus grands ont été créées à partir des années 1990. On en dénombre une demi-douzaine pour toute la Libye dont deux seulement en Cyrénaïque. Le colonel Kadhafi rappelle régulièrement dans ses discours l'intérêt qu'il accorde à cet enseignement.

Quiconque séjournant quelque temps en Cyrénaïque et ayant su s'y faire apprécier sera sûrement invité un jeudi soir à partager une *hadhra* (soirée rituelle soufie au cours de laquelle les participants scandent en rythme des versets du Coran : *zikr*). Ces soirées qui se déroulent chez un particulier regroupent des membres d'une même confrérie soufie[1]. Comme les tribus, les confréries soufies sont une réalité profondément ancrée dans la société libyenne. Succédant au roi Idriss qui en tant que descendant direct du fondateur de la Sanoussiya disposait d'une forte légitimité confrérique, le colonel Kadhafi a tout d'abord pris ses distances avec les confréries soufies. Ne pouvant les interdire, il a pris le parti de les tolérer avant de les légaliser pour mieux les contrôler en 1998. Une direction des loges confrériques et des marabouts a été créée à cet effet au sein de l'autorité des biens de mainmorte et de l'aumône légale. Cette direction s'appuie sur des cadres chargés du contrôle de la pratique et de l'enseignement des loges confrériques. Les relations du soufisme avec l'islam officiel sont excellentes.

« Le pouvoir du peuple, par le peuple, pour le peuple »[2]

« La démocratie signifie la responsabilité de la société. Le contrôle des affaires publiques revient à

---

1. Les principales confréries soufies présentes en Libye sont al-aroussiyya, al-chazliyya, al-isssâwiyya, al-qadiriyya et al-madaniyya. La Sanoussiya existe toujours non officiellement en Cyrénaïque et les Libyens sont réticents à s'exprimer sur ce sujet.
2. Devise de la grande jamahiriyya arabe, libyenne, populaire et socialiste.

la société tout entière. La démocratie est directement exercée par la société, réunie en congrès et en comités populaires, et par le congrès général du peuple qui regroupe les congrès et les comités populaires de base, les syndicats, les unions et l'ensemble des autres organisations professionnelles. »

« Le *Livre vert* présente la solution définitive au problème de "l'appareil de gouvernement", il indique aux peuples le moyen de passer de l'ère de la dictature à celle de la démocratie véritable. Cette nouvelle théorie est fondée sur le pouvoir du peuple, sans substitut ni représentation. Elle concrétise une démocratie directe d'une manière organisée et efficace et diffère de la vieille tentative de démocratie directe qui n'a pas trouvé de réalisation pratique en raison de l'absence d'organisations populaires de base. »

Extraits du *Livre vert*.

Ce n'est pas un jour férié à Tripoli. Et pourtant les rues sont désertes. Les rideaux des magasins sont baissés. Fait inhabituel, il n'y a quasiment pas de voitures dans la rue Omar al-Mukhtar ordinairement encombrée à cette heure de la journée. Pour un étranger qui ne serait pas encore familier de la Libye, tout cela paraît bien surprenant. Les Libyens sont rares dans les rues et il faut quelque temps à

notre visiteur pour comprendre la raison de cette
« opération ville morte » : les congrès populaires de
base ont été convoqués et invités à délibérer et
donner leur avis sur une importante question internationale. Impossible de connaître la durée prévue
des réunions des congrès. Un jour si les débats
sont rapides… ou bien deux ou trois jours. Cela
dépendra du nombre de citoyens souhaitant prendre
la parole. Les magasins risquent-ils de rouvrir en fin
de journée ? *Inchallah !* Personne ne semble savoir,
ni d'ailleurs s'en soucier. Les Libyens questionnés
sur le sujet sont résignés à devoir rester chez eux et
regarder les chaînes de télévisions satellitaires.

Pour comprendre ce que sont ces congrès populaires de base et ce qui s'y passe, il nous faut entrer
dans les détails de ce qui a été qualifié parfois de
« pouvoir gestionnaire libyen [1] ».

Dans la Grande Jamahiriya arabe libyenne populaire et socialiste du colonel Kadhafi, le peuple libyen
est officiellement détenteur du pouvoir. Les délibé-
rations des « masses populaires » se déroulent dans
des assemblées appelées « congrès populaires de
base ». Ces congrès – environ 450 pour toute la
Libye – recoupent les limites d'une ville ou d'un

---

1. Moncef Djaziri. *État et société en Libye*, L'Harmattan, Paris, 1996.

quartier. Tout citoyen libyen de plus de 18 ans enregistré dans l'aire géographique de son congrès populaire de base peut participer à ces réunions. Des questions aussi diverses que la construction d'une nouvelle école dans son quartier, l'adduction d'eau à une ferme isolée, la réfection d'une route mais aussi l'élaboration du budget de l'État ou l'adhésion de la Libye à des organisations internationales lui seront soumises pour délibération. Chaque congrès populaire de base se désigne un secrétaire qui le représentera au congrès général du peuple (équivalent d'un parlement). Les congrès de base peuvent discuter de tout sauf du pétrole et des forces armées. Ils désignent également les membres de l'exécutif local dénommé comité populaire de base (un secrétaire de comité et douze adjoints sectoriels : éducation, santé, économie...) dont ils orientent et surveillent les travaux. Ces désignations portent le nom de *tas'id* qui signifie mot à mot « élévation » pour bien montrer qu'il ne s'agit ni d'un vote ni d'une désignation mais de l'émanation de la volonté des masses par laquelle « s'élève » le choix du candidat.

Ces forums donnent souvent lieu à des débats enflammés. Certains participants ne se gênent pas pour y stigmatiser la mauvaise gestion des responsables, l'échec de certains projets ou les dysfonctionnements administratifs malgré les efforts des membres des comités révolutionnaires chargés d'orienter et de monopoliser les débats et de dissuader les mécontents de s'exprimer. Il arrive d'ailleurs que ces forums émettent des avis contraires aux orientations initiales qui avaient été suggérées dans l'ordre du jour. Dans certains cas, il arrive même que le Congrès Général du Peuple (et donc Kadhafi) revienne sur des orientations qu'il avait formulées après que celles-ci ont rencontré une trop forte opposition des congrès populaires de base. Ils agissent donc à la fois comme « indicateurs d'opinion » pour le colonel Kadhafi et « soupape de sécurité » en laissant s'exprimer les mécontentements sur des thèmes sans enjeu réel. Si la contestation est trop forte, les comités révolutionnaires, qui disposent déjà d'un droit de regard officiel sur les débats et les nominations, interviennent en interdisant violemment l'accès des congrès aux contestataires. De fait, il n'est pas rare que les congrès populaires de base donnent lieu à des échauffourées.

L'échelon situé au-dessus du congrès populaire de base est la chaabiyate (néologisme jamahiriyen dérivant du mot arabe *chaab* qui signifie peuple), qui serait à peu près l'équivalent d'un département français. Leur nombre qui varie en permanence est d'une trentaine. Chaque chaabiyate comprend donc entre 10 et 15 congrès populaires de base. Au niveau de la chaabiyate, on trouve également un organe de délibération et un « exécutif ». Le premier est dénommé congrès populaire de chaabiyate. Ses membres sont désignés par *tas'id* par les congrès populaires de base du territoire de la chaabiyate et ses attributions comparables à celles des congrès populaires de base. Le second est le comité populaire de chaabiyate qui dispose d'un budget, de personnels permanents et a une compétence dans tous les domaines à l'exception des affaires religieuses, de l'armée, des affaires étrangères et de la recherche scientifique. Le secrétaire du comité populaire de la chaabiyate qui pourrait être comparé à un préfet français est désigné officiellement par le Congrès Général du Peuple sur « proposition » du Guide de la révolution [1].

Au plan financier, si en théorie les montants des budgets attribués par le pouvoir central aux chaabiyates sont calculés au prorata du nombre d'habitants qui y sont recensés, dans la pratique ces budgets sont rarement versés, voire jamais versés à certaines chaabiyates. L'inégalité de traitement est significative

---

1. « Je suis satisfait de voir que le Congrès Général du Peuple a approuvé les noms que j'ai proposés pour occuper la fonction de secrétaires de comités populaires des chaa'biyates. Bien entendu, je n'ai proposé la candidature de militaires et de civils que pour quelques chaabiyates. » Extrait du discours du colonel Kadhafi du 18 mars 2001.

dans ce domaine entre les chaabiyates de Tripolitaine qui – à l'exception des chaabiyates à dominante berbère – font figure de favorisées et celles de Cyrénaïque délaissées dans l'ensemble. Ce qui n'empêche pas le colonel Kadhafi de faire porter aux gestionnaires des chaabiyates la responsabilité de la faillite du système, comme en témoigne cet autre extrait mémorable de son discours du 18 mars 2001 : « Pourquoi toutes les chaabiyates n'utilisent-elles pas la totalité de leur budget de développement ? Je vois qu'une chaabiyate n'a dépensé que 18 % de son budget. Une autre 19 %. Encore une 50 %. Ce sont là des exemples pour le secteur de l'habitat [...] Pourquoi demandez-vous que l'on vous donne de l'argent si vous êtes, par la suite, incapables de l'utiliser au niveau des chaabiyates ? »

Les découpages territoriaux des chaabiyates répondent aussi à des considérations sécuritaires. Qu'il s'agisse des zones frontalières dont les revenus générés par les flux de personnes et de marchandises qui y transitent permettent au passage de rétribuer des fidèles ou de villes réputées frondeuses comme Derna, la finalité du découpage territorial est toujours la même : le contrôle optimal des hommes et la préservation de l'ordre kadhafien.

Force est donc de reconnaître que ce « pouvoir gestionnaire » n'a aujourd'hui à gérer que sa misère.

Certains fonctionnaires locaux, sincèrement soucieux d'améliorer la situation dans leur région, font parfois preuve d'ingéniosité et d'imagination pour améliorer l'ordinaire. Des relais « bien placés » à Tripoli sont pour cela d'excellents atouts, rendant plus pertinents encore les réseaux familiaux et tribaux évoqués précédemment. Car malgré les apparences d'un système officiellement décentralisé, c'est à Tripoli que se prennent les décisions importantes.

Confrontés à cette faillite du système, les acteurs locaux se sont tournés de plus en plus vers les solidarités locales traditionnelles pour mener à bien leurs projets ou tout simplement pour survivre. Ceci est particulièrement vrai en Cyrénaïque, région méprisée et délaissée par le pouvoir central et victime de répressions d'une grande violence ces dernières années.

Rente pétrolière et clientélisme

Avec 92 % de ses revenus provenant du pétrole, la Libye est ce que l'on appelle communément un État rentier[1]. Ces États ont aussi été qualifiés de

---

1. Par État rentier, on entend communément un État dont plus de 80 % des revenus proviennent de l'exportation de ses ressources naturelles (en général le pétrole).

« distributeurs » car la fonction régalienne d'un État classique de taxation de ses citoyens y est remplacée par celle de redistribution de la manne pétrolière. L'État n'étant pas dépendant financièrement de ses citoyens, il n'a pas à leur rendre de comptes. Un « pacte implicite » s'instaure alors entre le dirigeant et ses citoyens : passivité des citoyens et stabilité du pouvoir en échange de la redistribution de la rente. Celle-ci prend la forme de distribution d'argent et de biens, de l'accès gratuit aux soins médicaux, de la construction d'infrastructures performantes et de l'attribution d'emplois garantis dans la fonction publique. En 2004, il y avait en Libye 700 000 fonctionnaires recensés pour une population estimée à 4,5 millions de Libyens. Une grande majorité de ces fonctionnaires étaient « virtuels » comme l'illustre l'exemple du jeune Yassine.

Yassine est originaire de Misrata et vit maintenant à Tripoli. Il a obtenu sa licence d'histoire à l'université de Tripoli il y a deux ans. Depuis lors, il travaille avec un ami qui a ouvert une petite société de tourisme. Il est fier de son pays qu'il a plaisir à faire découvrir aux groupes de touristes qu'il accompagne sur les sites archéologiques ou dans le désert. Nous sommes au mois de juillet et il vient de recevoir un courrier de la chaabiyate de Misrata lui annonçant son affectation à un poste administratif au secrétariat sectoriel de la chaabiyate en charge de l'éducation. Comme tout jeune Libyen diplômé de l'enseignement supérieur Yassine bénéficie en effet d'un emploi garanti dans la fonction publique. Sa prise de fonction est prévue en septembre.

Yassine connaît le montant d'un salaire dans la fonction publique locale : 100 dinars (environ 70 euros), soit cinq fois moins que ce qu'il gagne comme guide touristique. Il sait aussi que les salaires n'y sont versés qu'irrégulièrement. Mais il y a des avantages : ce salaire – même modeste – constitue une petite rente de situation et les fonctionnaires sont prioritaires pour l'obtention d'un prêt ou l'achat d'une voiture à prix réduit. Après réflexion et après avoir demandé l'avis de son père, Yassine a donc arrêté sa décision : il ne renoncera pas à son statut de fonctionnaire. Il ne se présentera néanmoins jamais à son poste et continuera à travailler comme guide touristique dans l'agence de son ami à Tripoli. Son absence ne gênera d'ailleurs personne, il n'y est pas attendu et il n'y a de toute façon pas de bureau pour l'accueillir !

Ces salaires de fonctionnaires « virtuels » sont néanmoins négligeables par rapport aux sommes utilisées pour développer et entretenir les réseaux clientélistes qui ont contribué à assurer la longévité du régime du colonel Kadhafi pendant plus de quarante ans !

Sous la monarchie, l'État s'est appuyé sur la tribu qui s'est imposée naturellement comme intermédiaire entre l'État et le citoyen. À charge pour chaque tribu de disposer de représentants aux postes clés pour lui garantir un accès à la rente pétrolière sous la forme de rétributions directes ou indirectes. Le principe de la rétribution en échange de l'allégeance (*bay'a*) est au cœur de ce système clientéliste. Le secteur pétrolier est donc le domaine réservé du colonel Kadhafi. Les recettes échappent à la Compagnie nationale des pétroles (*National Oil Company*) et aucune structure n'a droit de regard sur les comptes du pétrole.

Les modes de rétribution sont divers et variés. Ils peuvent aller des mallettes de dollars remis directement à un commandant de bataillon de sécurité à l'attribution d'un capital pour la création d'une société privée d'import-export ou de BTP, en passant par la nomination à la tête d'un organisme d'État dont les subventions iront financer des projets privés.

Pendant les années d'économie « socialiste », en l'absence de secteur privé, la manne était attribuée à des grandes entreprises étatiques ou de grands projets agricoles qui constituaient autant de modes de rétribution indirects. Régulièrement, une campagne d'arrestations largement médiatisée par la presse officielle permettait ainsi d'imputer la déshérence de l'entreprise en question à un coupable désigné. En général, le « coupable » était d'ailleurs condamné à une peine légère… avant de prendre la direction d'une autre entreprise ou de poursuivre sa carrière d'officier, l'armée étant une grande pourvoyeuse de « chefs d'entreprise » en Libye.

La conversion « libérale » autorisée par le Guide en 2002 n'a pas mis fin à ce système. Sous couvert de libéralisme, elle a permis au système clientéliste de redistribution de s'adapter et de se diversifier. Derrière l'apparence d'une Libye moderne et acquise à l'économie de marché vantée par une jeune génération « d'hommes d'affaires » et véhiculée à l'étranger par ceux qui y voyaient la perspective de contrats mirobolants, le système demeurait inchangé.

Le clientélisme classique a laissé la place aujourd'hui à un système de prédation centré sur les fils Kadhafi et l'appareil sécuritaire. Tous les champs de la société sont soumis à ce principe de favoritisme familial comme le montrent les quelques exemples suivants choisis parmi les plus rémunérateurs : la pêche au thon rouge et la fondation Kadhafi pour les associations caritatives (Sayf al-islam Kadhafi), la licence d'importation Adidas pour la Libye et la construction d'une rocade périphérique à Tripoli (Saadi Kadhafi), la téléphonie mobile (Mohammad Kadhafi), le transport maritime (Hannibal Kadhafi), l'association caritative « *wa'tassimou* » ('Aïcha Kadhafi), la fabrication de bateaux de plaisance (état-major de la Marine), le bassin de retenue de la grande rivière de Benghazi (bataillon de sécurité de Benghazi), l'import-export, le BTP (bataillons de sécurité).

Qu'une nouvelle source de profits apparaisse comme la pêche au thon rouge dans les eaux libyennes et le secteur est immédiatement attribué à un proche ou à une composante de l'appareil militaro-sécuritaire sur un mode monopolistique. Le système fonctionne ensuite en cascade ; à charge pour les responsables de rétribuer ensuite leurs subordonnés qui font de même avec les leurs et ainsi de suite. Le recrutement des cadres dans les organisations ou les entreprises est parfois ouvert à des personnels n'appartenant pas au clan et choisis pour leur compétence. Ce sont souvent eux qui sont mis en avant lors des contacts avec les compagnies étrangères mais ils ne disposent pas du pouvoir réel de décision.

L'appartenance familiale et tribale joue un rôle dans la répartition du butin où les membres des importantes tribus de Tripolitaine et du Fezzan se taillent la part du lion. Cela ne signifie pas que l'accès aux postes importants et rémunérateurs ne soit pas ouvert aux habitants de Cyrénaïque, sinon le système n'aurait pu se maintenir aussi longtemps. Comme nous l'avons vu précédemment, le fait que la compétence ne soit pas le principal critère d'attribution des postes ne signifie pas que la Libye ne dispose pas de technocrates compétents. Tiraillés entre les pressions des comités révolutionnaires et celles de membres de tribus influentes qui disposent de passe-droits et même parfois d'un accès direct au Prince, leur marge de manœuvre est néanmoins réduite.

L'immigration constitue un autre mode de rétribution à la disposition du pouvoir. La population immigrée résidant en Libye est évaluée à plus 2 millions de personnes, soit environ 40 % du nombre de citoyens libyens. Les immenses profits liés à l'immigration sont alimentés par différentes sources :
— le franchissement des frontières est un premier mode de rétribution de certaines populations au sein desquelles se recrutent passeurs et

intermédiaires. Les Toubous présents dans les régions d'al-Qatroun et Koufra se sont spécialisés par exemple dans ces activités sous la houlette des tribus locales (respectivement Qadadfa et Zwaya). Le pouvoir central octroie en quelque sorte une franchise rémunératrice à ces populations en échange de leur allégeance et de leur contrôle de ces régions frontalières immenses et désertiques. Les chaabiyates nouvellement créées au début des années 2000 l'ont pratiquement toutes été dans des régions d'arrivée ou de passage des migrants en provenance d'Afrique subsaharienne ou d'Égypte : Jaghboub, al-Qatroun, Ghat, Nalout, Mizda, Ajdabiya. La création de ces nouvelles entités administratives répondait à une nécessité de contrôle sécuritaire de ces zones. En contrepartie, les responsables de ces nouvelles régions sont autorisés à se rétribuer sur les revenus générés par les trafics de migrants.

— L'emploi des immigrés – main-d'œuvre bon marché – y compris dans le cadre des entreprises publiques constitue une forme de rétribution.

— Le départ vers l'Europe des immigrés se fait principalement à partir des régions de Zwara et de Misrata. Les services de sécurité, non seulement n'ignorent pas l'existence de ces trafics, mais en retirent de substantiels revenus.

— Enfin cette question de l'immigration a été utilisée par le colonel Kadhafi comme moyen de pression sur les gouvernements européens pour obtenir, soit des rétributions, soit des ventes d'équipements militaires dont il prétextait la nécessité pour contrôler ses frontières. Compte tenu de l'implication de son appareil militaro-sécuritaire dans les flux migratoires en Libye évoquée précédemment, les demandes formulées dans ce domaine avaient pourtant de quoi surprendre. De quelle utilité en effet pouvaient être les hélicoptères Tigre, les missiles antichars, les dispositifs de vision nocturne que demandait la Libye pour contrôler les flux migratoires transitant par ses frontières terrestres et maritimes ? Un voyage à Tajerhi, Ghat ou Koufra, villes d'entrée des immigrés africains, suffit pour répondre à cette question. C'est en effet en plein jour que s'y présentent les nouveaux immigrants à l'issue de leur long périple à travers le désert et c'est en plein jour sur la place centrale de la ville qu'ils sont délestés d'une partie de leur argent en espèces par les policiers et militaires locaux qui les laissent ensuite reprendre leur longue route à destination de l'Europe !

Le système de clientélisme s'est également appliqué à l'Afrique. Rétribuant tour à tour – et parfois en même temps – certains régimes africains et leurs mouvements d'opposition, le colonel Kadhafi a pu ainsi s'assurer le soutien diplomatique de nombreux pays africains durant les années de sanctions internationales.

Pour ce faire, il s'est toujours appuyé sur ses relations personnelles suivies avec la plupart des chefs d'État africains, le nombre de visites de chefs d'État africains à Tripoli s'élevant à trois ou quatre par semaine en moyenne. Par ailleurs, le colonel Kadhafi est à l'origine de la création, en 1998, de la communauté des États sahélo-sahariens – CENSAD – une organisation régionale qu'il finance à 80 %. Cette organisation qui regroupe 28 États – soit près de 350 millions d'habitants – dépasse le strict cadre géographique des États sahélo-sahariens et constitue un instrument au service de sa politique étrangère qu'il utilise comme caisse de résonance et levier d'influence au sein de l'Union Africaine. La politique africaine du colonel Kadhafi lui a permis de s'assurer et de conserver le soutien de ce continent durant toutes les années de sanctions internationales. Nelson Mandela joua d'ailleurs un important rôle de médiation dans les négociations qui aboutirent à la suspension des sanctions de l'ONU en 1999.

En 2011, la Libye a pu compter une nouvelle fois sur le soutien de l'Afrique. Alors que la Ligue arabe se déclarait favorable à la mise en place d'une zone d'exclusion aérienne sur la Libye, l'Union Africaine s'est déclarée opposée à cette mesure. À cet égard, la politique africaine du colonel Kadhafi n'est donc pas dénuée d'efficacité.

Le sac de rats ou « la stratégie du choc »

« Il était une fois un paysan libyen qui souhaitait se débarrasser de ses rats en les noyant. Pour les transporter, il décide de les enfermer dans un sac en toile de jute. Sitôt le sac refermé, les rats grignotent la paroi du sac et parviennent à s'échapper. Désespéré, il voit alors passer le colonel Kadhafi et s'adresse à lui pour lui demander conseil. Le colonel Kadhafi lui demande de replacer les rats dans un nouveau sac, attrape le sac et l'agite violemment de haut en bas tout en se dirigeant vers la citerne d'eau. Il y jette le sac et noie les rats. »

Cette histoire populaire libyenne constitue une bonne illustration du mode de fonctionnement du dirigeant libyen : tout agiter en permanence pour susciter l'état de choc et provoquer la paralysie des administrations et la passivité des citoyens.

Dans la Libye du colonel Kadhafi, une réforme administrative n'a pas le temps d'entrer en vigueur qu'elle est déjà dépassée. L'espace et le temps se recomposent en permanence. Si vous souhaitez embarrasser un Libyen, demandez-lui combien il y a de chaabiyates [1]. Non que le chiffre soit couvert par le secret-défense mais tout simplement parce que les redécoupages géographiques se sont succédé depuis 1976 à un rythme tel que nul ne s'y retrouve [2]. Au final il vous répondra que le nombre importe peu puisque de toute façon il n'a rien à attendre des chaabiyates. La situation n'est guère plus claire pour ce qui est de la capitale. Il fut un temps entre 1943 et 1951, avant la création de l'État libyen, où la Libye avait deux capitales, Benghazi et Tripoli. Sous le colonel Kadhafi, elle en a eu jusqu'à trois. Le Guide a décidé tout d'abord de la transférer de Tripoli à Syrte. D'ambitieux bâtiments y ont été construits pour accueillir ce qui devait devenir le nouveau siège des administrations libyennes. Les ambassades n'y ont jamais été transférées et les ministres n'y ont jamais occupé leurs bureaux. Les bâtiments demeurent et ont été

---

1. Circonscription administrative. Équivalent d'un département.
2. Après les muhafazates, moutassarufiyates, moudiriyates et baladiyates qui s'étaient succédé depuis 1969, la réforme territoriale de 1998 a instauré le découpage en 26 chaabiyates. Le nouveau découpage a été ensuite remanié avec la création de 8 nouvelles chaabiyates (6 en 2000, 2 en 2001 et 1 en 2002).

transformés par la suite en centres de congrès et en bureaux pour accueillir des sommets de l'Union Africaine. Syrte conservant toujours certaines attributions d'une capitale, c'est à ce titre que les nouveaux ambassadeurs s'y rendent toujours pour y présenter leurs lettres de créances. Le Guide a ensuite décidé que l'air du désert ferait le plus grand bien à ses ministres et que la nouvelle capitale serait désormais dans la charmante oasis d'al-Joufra, réputée pour ses excellentes dattes et située à plus de sept heures de route en voiture de Tripoli. Des bâtiments high-tech y furent également construits et cette fois jamais occupés. Seuls les militaires de ce qui fait office de ministère de la Défense s'y sont installés. Plus que par esprit de discipline militaire, il semble qu'il faille rechercher les raisons de leur obéissance dans le fait que leur ministre, le général Abou Bakr Younès Jaber, est originaire de la région.

Ce n'est guère plus simple pour ce qui est des calendriers. Après avoir adopté le calendrier lunaire de l'Hégire, le Guide a changé pour imposer un calendrier solaire dont l'origine était la naissance du Prophète avant de changer à nouveau en 2000 au profit d'un calendrier solaire commençant à la mort du Prophète.

La « révolution permanente » prônée dans la doctrine se traduit au plan institutionnel par le bouleversement permanent des structures et la succession des réformes jamais appliquées. Ainsi, la devise du non-État devient réalité. Nul besoin de supprimer l'État dès lors que cette « stratégie du choc » permanent suffit pour le neutraliser. Pour les ministres et les fonctionnaires, à quoi bon dans ces conditions travailler à appliquer une réforme quand on sait que tout sera remis en question quelques semaines plus tard. Le Guide aura ensuite tout loisir de désigner à la vindicte populaire ce personnel incompétent et corrompu, renforçant ainsi la défiance d'une majorité de la population à l'égard de la bureaucratie. Cette agitation permanente vient ajouter à la confusion déjà suscitée par le hiatus entre les discours, les textes officiels et la réalité.

L'instabilité des structures va de pair avec la précarité des statuts et des positions des responsables. À tous les niveaux de la hiérarchie, chacun a intégré le fait qu'il est là par le fait du Prince qui peut le défaire à tout moment. La notion de plan de carrière n'a pas sa place dans la « révolution en marche ». Chaque ministre et haut fonctionnaire peut apprendre à tout moment à la télévision ou lors d'une session du Congrès Général du Peuple qu'il est corrompu, voleur, incompétent et qu'il est limogé. Rares sont les officiers généraux qui n'ont pas été rétrogradés une ou plusieurs fois au cours de leur carrière, voire emprisonnés. Pour n'en citer qu'un : le général Suleïman Mahmoud Suleïman al-Oubeïdi [1], brillant officier et l'un des rares responsables de l'appareil militaro-sécuritaire originaire de Cyrénaïque, a été emprisonné quelques mois et dégradé deux fois dans sa carrière.

Parmi les thèmes traités par la presse étrangère ces dernières années sur la Libye revenait de plus en plus souvent la succession du colonel Kadhafi avec toujours cette même question : « Un des fils Kadhafi va-t-il lui succéder ? Si oui lequel ? » Et chacun, journaliste, analyste politique, diplomate ou officier de renseignement d'essayer de déceler le moindre signal qui pourrait être un indice sur les intentions du colonel Kadhafi en la matière. Là aussi celui-ci a longtemps veillé à brouiller les cartes, y compris pour les intéressés eux-mêmes qui ont eu droit pendant plusieurs années à tour de rôle aux faveurs et défaveurs de leur père.

---

1. Commandant de la région de sécurité est, le général Suleïman a fait défection dès les premiers jours de l'insurrection du 17 février 2011 et annoncé publiquement sur al-Jazira son soutien aux insurgés.

Par la confusion générale qu'il entretient à dessein, le colonel Kadhafi pourrait être comparé à un joueur de bonneteau. Son agitation permanente déroute et brouille les pistes. Lui seul sait où est la bonne carte. L'imprévisibilité érigée en règle de fonctionnement lui permet de conserver toujours l'initiative.

Jamais la devise du vieux comte de Lampedusa n'a fait autant sens qu'en Libye : « Tout changer pour que rien ne change. » Derrière le mouvement perpétuel et l'apparence du changement, les fondamentaux du pouvoir libyen demeurent… et les rats restent prisonniers du sac.

6.

*Des régions et des hommes
Mosaïque libyenne*

Les chapitres précédents ont abordé la question des décalages entre la doctrine, le discours, les structures, les textes officiels et la réalité quotidienne de 7 millions de personnes. Pour appréhender l'ampleur de ces décalages, il est nécessaire d'aller maintenant à la rencontre des gens, qu'ils soient libyens ou travailleurs immigrés. Il faut prendre les routes et les pistes, s'arrêter et séjourner dans les provinces, prendre le temps d'en apprécier les richesses et les spécificités et surtout écouter les hommes et les femmes qui y vivent. Les interactions entre le pouvoir et les trois régions et leurs habitants sont en effet spécifiques à chacune d'elles et, au sein d'une même région, la situation diffère d'une ville à une autre. Cette approche régionale est donc essentielle pour appréhender la complexité et la diversité du pays. Elle fournira enfin d'autres clés de compréhension de l'insurrection de la Cyrénaïque de février 2011 et de la guerre civile dans laquelle a basculé ensuite la Libye.

Tripolitaine

Tripoli, la ville de toutes les ambitions

La capitale de la Tripolitaine comme son nom l'indique est Tripoli. Centre nerveux de la région, sa population est supérieure à 1,5 million d'habitants. Pourtant la capitale ressemble à une ville de province qui aurait grandi trop vite. À première vue, la ville fait figure de « nouvelle riche » avec ses magasins débordant d'appareillages électroniques dernier cri en provenance directe de Dubaï, ses gratte-ciel en construction jour et nuit sur le front de mer et sa jeunesse dorée au volant de voitures flambant neuves. Il est vrai que les distractions y sont rares : peu de cafés, pas de cinémas ni de salles de concerts. Et pourtant, Tripoli attire, car c'est ici que se prennent les décisions importantes, que se règlent les affaires et que se bâtissent les fortunes.

C'est aussi ici que les enfants de riches et de nantis traînent leur ennui au volant de leurs voitures puissantes comme le montre bien cette scène ordinaire de la vie nocturne à Tripoli.

21 heures – Route de Gargaresh – Tripoli. Un jeune policier en tenue de camouflage bleue observe la circulation, un carnet de contraventions à la main. Il arrête consciencieusement les taxis, les minibus surchargés de passagers et les pick-up Peugeot qui appartiennent souvent aux paysans de passage à Tripoli. Après avoir fait patienter de longues minutes leur chauffeur et étudié attentivement ses papiers, le jeune policier – au physique caractéristique des Libyens du Fezzan – lui dresse un procès-verbal. Et puis brutalement, le policier se précipite pour bloquer la circulation afin qu'une voiture haut de gamme, souvent de marque BMW ou Porsche, sans plaque d'immatriculation et occupée par des jeunes de son âge, puisse faire demi-tour en dérapant et repartir en trombe en sens inverse.

Pour le lecteur qui n'est pas familier de la conduite urbaine tripolitaine, un décryptage s'impose. Le jeune policier affecté à la circulation vient sans doute d'une famille défavorisée et la police est pour lui un moyen d'échapper à sa condition.

À défaut de verbaliser les voitures privées dont les conducteurs ont sûrement des appuis dans ce quartier de la ville, il se concentre sur les taxis, les minibus et les pick-up de paysans dont il est sûr au moins que les chauffeurs, pauvres comme lui, ne disposent d'aucun appui qui pourrait lui attirer des ennuis. Pour celui qui pourrait l'entendre, la scène prendrait un tour surréaliste, le jeune policier s'évertuant à expliquer au chauffeur verbalisé qu'il ne fait qu'appliquer la loi libyenne (*al Qanoun al-lîbî*). Comme s'il vivait dans un état de droit où tous les citoyens sont égaux devant la loi ! La voiture haut de gamme quant à elle appartient très certainement à un fils de la nomenklatura locale, garde du corps du Guide ou de sa famille élargie, officier d'un de ses bataillons de sécurité, responsable de l'appareil sécuritaire ou général reconverti dans « les affaires ».

À Tripoli, la police est avant tout là pour faciliter la circulation des nantis et fils du régime, enregistrer les plaintes des citoyens et rafler de temps en temps les travailleurs immigrés, originaires d'Afrique en priorité.

Le parcours de Slimane mérite maintenant d'être retracé. D'une part il illustre le rôle central de la capitale évoqué précédemment, d'autre part il permet de mieux comprendre pourquoi un jeune

Tripolitain qui n'est ni impliqué dans le système Kadhafi ni sympathisant du Guide, ni membre d'une tribu proche des Qadadfa n'est pas prêt pour autant à se lancer dans l'insurrection comme ses compatriotes de Cyrénaïque.

Jeune entrepreneur libyen provincial monté à Tripoli pour réussir, Slimane est originaire d'al-Zintan, petite ville arabe située au sud du djebel Nafussa et fier d'appartenir à la grande tribu des Zintan dont le territoire s'étend sur une vaste zone bordant ce djebel. Il est attaché à sa région d'origine où il aime revenir régulièrement pour passer du temps avec sa famille et ses amis. Issu d'un milieu modeste, et soutien de famille depuis l'âge de 20 ans après le décès de son père, il a dû interrompre ses études supérieures de littérature pour gagner sa vie. Ambitieux et brillant, il a rejoint un frère à Tripoli pour se lancer dans les affaires. Slimane est de cette génération de Libyens qui ont eu 20 ans sous l'embargo. Réticent à travailler de près ou de loin pour l'État et peu disposé à se compromettre pour obtenir des aides, il saisit l'opportunité de la libéralisation du petit commerce en 1993 pour développer des activités d'importation de produits alimentaires en provenance de Tunisie. À mesure que son entreprise prend de l'importance, il s'adjoint les services de ses frères et de ses amis d'enfance d'al-Zintan.

L'entreprise prospère et Slimane investit dans l'achat de véhicules supplémentaires et dans l'immobilier. À la levée de l'embargo, il se reconvertit dans le transport. Son entreprise fonctionne toujours sur un mode artisanal avec sa famille et ses amis. Il vit maintenant confortablement mais sans ostentation, s'est acheté une maison dans la capitale, une ferme dans la banlieue de Tripoli et une maison avec ses frères à al-Zintan.

Trouver le siège social de la société de Slimane à Tripoli n'est pas chose facile car il ne dispose d'aucune enseigne. La vitrine poussiéreuse n'engage pas à franchir la porte. Le bureau est sommairement équipé : une table en formica de modèle standard produit par les usines d'État libyennes, deux chaises en skaï percées, un vieux téléphone, quelques registres, un portrait jauni du Guide de la révolution suspendu de travers au mur, pas d'ordinateur. Pourquoi ce jeune homme ambitieux et intelligent n'a-t-il pas investi davantage pour améliorer l'image de son entreprise ? La réponse tient en une phrase : « Pour vivre heureux, vivons caché ! » Slimane a compris depuis longtemps que tout signe ostentatoire de sa modeste réussite pourrait lui attirer des ennuis de la part des services de sécurité ou bien de l'antenne locale des comités révolutionnaires. La tranquillité est à ce prix en

Libye quand on ne dispose pas de relais puissants et influents pour vous protéger et que l'on a veillé à ne jamais se compromettre avec le régime.

Aujourd'hui c'est la guerre civile et Slimane, comme beaucoup de Tripolitains, attend de voir comment les choses vont évoluer. Bien que la tribu ne soit pas une structure hiérarchique où les membres obéissent automatiquement à leur cheikh, Slimane se tient informé de la position du cheikh de sa tribu qui a désavoué le colonel Kadhafi aux premiers jours de l'insurrection tout en se gardant d'appeler à la révolte. Le dialogue n'est pas rompu et les négociations se poursuivent… à la bédouine. Pour l'instant l'attentisme est donc de mise. Tripoli n'est pas Benghazi, le pouvoir est proche, les unités de combat du colonel Kadhafi omniprésentes et le rapport de forces défavorable à l'insurrection. Et puis la Cyrénaïque, c'est loin, Slimane y va rarement, il n'y a pas d'amis et il ne s'y sent pas à l'aise.

Zwara, un air d'Afrique subsaharienne au bord de la Méditerranée

Zwara est une petite ville de 40 000 habitants située à 120 kilomètres à l'ouest de Tripoli. C'est la dernière étape avant la Tunisie et à ce titre la ville a connu un grand essor durant les années d'embargo quand la quasi-totalité des voyageurs qui entraient ou sortaient de Libye y transitaient[1]. Nombre d'habitants de Zwara étaient employés alors dans le commerce frontalier avec la Tunisie, plus rémunérateur et moins pénible que la pêche. Son modeste port de pêche semble d'ailleurs aujourd'hui fonctionner au ralenti. Située sur la route Tripoli-Tunis, la ville est également le point de départ d'une route qui se prolonge au sud jusqu'à Ghadamès *via* la ville berbère de Nalout dans le djebel Nafussa. Une communauté berbère est d'ailleurs installée à Zwara. Pourtant, sur la place principale, l'atmosphère est résolument africaine. Sur le grand marché, on y parle davantage français, anglais ou bambara qu'arabe ou tamazigh. C'est ici en effet que se rassemblent des immigrés dont la majorité a effectué le périlleux voyage à travers le désert en provenance du Mali, du Niger, du Nigeria ou du Ghana. Ils sont en attente d'un hypothétique départ vers l'Europe. Certains sont là depuis deux ans et cherchent maintenant plus à trouver les moyens de rentrer chez eux qu'à rejoindre l'Europe. Ceux-là ont bien entendu parler d'aides au retour de l'Union européenne pour regagner leur pays mais les récits qui circulent sur l'horreur des centres de détention

---

1. La liaison maritime Tripoli-Malte était également florissante à cette époque.

libyens et les tragédies d'Africains abandonnés à la frontière nigérienne en plein désert par les services libyens ne sont guère encourageants. Les autres espèrent encore réunir les 700 euros nécessaires pour payer un passeur. Les dangers de la traversée sont pourtant bien connus.

Le passeur, souvent policier ou militaire en activité ou retraité, les acheminera tout d'abord de nuit vers une plage où ils embarqueront à bord d'un canot. Ils rejoindront ensuite en mer une plus grosse embarcation venue souvent de Tunisie. L'un des candidats au départ aura reçu une formation préalable qui lui permettra de lire les données GPS qui les guideront vers Lampedusa. C'est lui qui prendra donc la barre du petit bateau où s'entassent jusqu'à 120 personnes.

Certaines de ces embarcations dérivent et reviennent s'échouer en Libye. D'autres arrivent parfois jusqu'à Lampedusa, jusqu'en Sicile ou périssent en mer. En attendant, les Africains de Zwara survivent en revendant au détail des marchandises achetées en gros en provenance de la Tunisie toute proche ou bien en travaillant dans les fermes ou les chantiers de construction des environs. À Zwara comme partout en Libye, ils sont la cheville ouvrière sans laquelle la Libye vivrait au ralenti. Quoi qu'en pensent les Libyens, pour la plupart rétifs à la politique africaine du colonel Kadhafi, le slogan du Guide « la Libye, c'est l'Afrique et l'Afrique c'est la Libye » contient une bonne part de vérité.

Cyrénaïque

Derna – Portrait d'une ville « frondeuse »

C'est à Derna en 1996 qu'a eu lieu l'opposition la plus virulente et violemment réprimée des années Kadhafi avant la révolte de février 2011. C'est Derna encore en 2011 qui a été proclamée première ville « libérée » du régime du colonel Kadhafi.

Cette ville mérite donc que l'on s'y attarde un peu.

Avec une population d'environ 80 000 habitants, Derna est un peu moins peuplée que les trois autres villes moyennes de Cyrénaïque : al-Bayda, al-Marj et Tobrouk. Que l'on y entre par la route côtière en provenance de l'ouest ou par celle taillée à flanc de montagne en provenance du djebel Akhdar, l'arrivée à Derna, enclavée entre la mer et la montagne, est toujours superbe et impressionnante. À mesure que l'on s'avance dans les faubourgs de la ville, c'est néanmoins l'impression de délabrement des bâtiments et des infrastructures routières qui s'empare du visiteur. Le délitement y apparaît encore plus fort que dans le reste de la Cyrénaïque, ce qui n'est pas peu dire.

Une fois dans le centre ville, les choses changent brutalement et c'est l'impression d'être dans un endroit unique en Libye qui s'empare du visiteur. Contrairement aux autres villes de Cyrénaïque, il y existe tout d'abord un « vrai » centre ville. Une petite place bordée d'arbres, une terrasse de café animée et rythmée par les bruits de dés jetés sur les tables de jacquet et la voix d'Umm Kalthoum dont les chansons intemporelles sont diffusées par de vieilles enceintes, un petit hôtel installé dans un vieux bâtiment colonial italien délabré, une superbe mosquée en cours de rénovation, un marché couvert, petit mais charmant, une place dotée d'une vieille fontaine de style ottoman restaurée avec goût donnent décidément envie de s'y attarder.

Avant de s'intéresser à ses habitants, un rappel s'impose sur l'origine des habitants de la population de Cyrénaïque. Traditionnellement, ses habitants se reconnaissent comme descendants de trois groupes distincts :

— les tribus descendant des banu Suleïm et des banu Hilal (les premiers étant majoritaires en Cyrénaïque). Selon la tradition, Saadi, l'ancêtre éponyme de la confédération tribale des Saadi qui regroupe aujourd'hui la majorité des grandes tribus de Cyrénaïque, était un descendant des banu Suleïm ;

— les tribus d'origine maraboutique, clientes des grandes tribus précitées (appelées *murabita*) qui ont progressivement acquis un prestige et une influence qui les met quasiment au même niveau que les tribus du premier groupe ;

— les tribus originaires de l'ouest de la Libye (Misrata, Zliten, Tajoura), d'Andalousie ou d'autres régions du Maghreb qui ont émigré pour des raisons économiques, politiques.

Beaucoup d'habitants de Derna se reconnaissent majoritairement comme appartenant au troisième groupe[1]. Les autres grandes villes de Cyrénaïque, à l'exception de Benghazi, sont en revanche peuplées de tribus des deux premiers groupes. Traditionnellement plus tournée vers le négoce, la ville de Derna en retire une spécificité marchande et intellectuelle[2], plus marquée que celle des autres villes de Cyrénaïque composées de populations bédouines longtemps

---

1. On citera également la présence à Derna de descendants de réfugiés partis de Crète à la fin du XIXᵉ siècle, fuyant les affrontements dans l'île entre chrétiens et musulmans. Ces Libyens sont maintenant assimilés avec les habitants descendants de tribus extérieures à la Cyrénaïque.

2. Beaucoup d'habitants de Derna ont conservé des liens étroits avec l'Égypte pour y avoir étudié à l'université d'Alexandrie.

tournées vers les activités agro-pastorales. Le fort sentiment identitaire de la ville s'est encore renforcé après la révolution, ce qui a valu à Derna sa réputation de ville « conservatrice », voire « frondeuse ». La suspicion du colonel Kadhafi à son encontre s'est accrue avec le temps et Derna a été encore plus délaissée que les autres villes de Cyrénaïque, ce qui a nourri chez nombre de ses habitants un fort sentiment de rejet envers le colonel Kadhafi.

Diverses explications ont été avancées pour expliquer la révolte qui secoua la ville en 1996. La thèse du « soulèvement islamiste » est celle qui revient le plus souvent dans les milieux diplomatiques, journalistiques et universitaires. Selon une variante, qui n'est d'ailleurs pas exclusive de la première, un « débarquement » d'éléments de l'opposition islamiste en exil aurait eu lieu à Derna. Les autorités libyennes quant à elles ont nié l'existence de tout soulèvement à caractère politique, se contentant de faire état d'une vaste campagne de lutte contre des trafiquants de drogue. Enfin, le Groupe Islamique Combattant Libyen a revendiqué ces troubles en les attribuant à des évadés de la prison de Benghazi qui auraient rejoint le maquis à Derna. Pour ma part, après des dizaines d'entretiens avec des habitants de Derna, je pencherais plutôt pour une explication.

Des officiers des renseignements militaires auraient procédé à des perquisitions et des arrestations d'habitants apparentés à des prisonniers politiques qui s'étaient récemment mutinés dans la prison de Benghazi. Les habitants ne se seraient pas laissé faire et se seraient regroupés pour se défendre. Dépassés par la situation, les militaires auraient quitté la ville et passé le relais à des unités d'intervention acheminées par avion de Tripolitaine *via* un aérodrome militaire proche de Derna.

La répression a été d'une grande violence [1]. Des fouilles systématiques de quartiers entiers ont été effectuées et des dizaines de maisons ont été détruites. À l'extérieur de la ville, des hélicoptères ont été utilisés pour tirer sur des insurgés et certaines sources font état de bombardements au napalm dans la région montagneuse située à l'ouest de la ville (wadi al-galaa). C'est la même tactique que les autorités libyennes ont tenté d'appliquer en 2011 mais cette fois sans succès, les insurgés ayant occupé rapidement les aéroports et bloqué les pistes, interdisant ainsi aux unités de sécurité libyennes de se poser en Cyrénaïque.

---

[1]. Cette information a été confirmée par plusieurs sources libyennes et non libyennes qui travaillaient à l'époque à l'hôpital de Derna.

Quelle que soit l'origine exacte de ces événements, cet exemple illustre comment une rumeur alimentée par les autorités se transforme en hypothèse plausible qui laisse peu à peu la place à une affirmation générique du style « Derna, fief des islamistes libyens ».

Aux premiers jours de la révolte de Cyrénaïque[1] de février 2011, le vice-ministre libyen des Affaires étrangères a déclaré : « Al-Qaïda a établi un émirat à Derna, dirigé par Abdelkarim Al-Hasadi. » Le colonel Kadhafi et son fils Sayf al-islam feront aussi référence les jours suivants à cette « instauration d'un émirat islamique », ne manquant jamais au passage de jeter l'opprobre sur Derna. Les Libyens n'ont pas cru ces propos qui ne s'adressaient d'ailleurs pas à eux mais aux dirigeants et aux peuples occidentaux. La ficelle est bien connue : discréditer une révolte populaire aux causes profondes en brandissant le spectre de l'islamisme, voire maintenant d'al-Qaïda.

Il faut revenir un peu en arrière pour comprendre l'instrumentalisation de Derna par le régime libyen. Tout a commencé en Irak. En 2007, des soldats

---

1. Déclaration du vice-ministre libyen des Affaires étrangères, Khaled Kaïm, (23 février 2011).

américains y auraient découvert une cache d'al-Qaïda et des documents connus sous le nom de code « Sinjar Documents ». Parmi ces documents figuraient les fiches de renseignements remplies à leur arrivée en Iraq par les combattants étrangers. L'identité de la recrue, son lieu de naissance et le choix du type d'action (action suicide ou missions de combat) y étaient mentionnés. Il ressort de ces documents, dont l'analyse a été publiée par les Américains, que sur 112 Libyens recensés, 52 étaient originaires de Derna. Le 19 avril 2008, Kevin Perrano, reporter au journal *Newsweek*, publie un article intitulé *Destination Martyrdom*. Partant du constat précité de la forte proportion de Libyens originaires de Derna parmi les combattants d'al-Qaïda en Iraq, il tente d'en comprendre les causes. De son séjour de deux jours sur place, il rapporte le portrait d'une ville sinistrée et d'une jeunesse désespérée, un portrait brossé exclusivement à partir de ses entretiens avec les membres des familles des martyrs partis en Iraq. L'article mentionne également la rencontre à Tripoli, quelques mois plus tôt, du général américain Dell Daily, spécialiste du contre-terrorisme détaché auprès du Département d'État, avec ses homologues libyens. Au cours de cette rencontre, la question de Derna aurait été évoquée.

Quelques mois après cet article, en juin 2008, l'ambassade des États-Unis envoie un télégramme intitulé *Die Hard in Derna*[1]. Outre la violence du titre qui fait référence à la série de films où Bruce Willis élimine les méchants ennemis de l'Amérique, le télégramme reprend les arguments désormais « classiques » sur la ville de Derna figurant dans l'article de *Newsweek*. En résumé, la ville de Derna se caractériserait par la grande fierté de ses habitants, la dévotion qu'ils portent à l'histoire de leur ville et leur ferveur religieuse ainsi que le désespoir de sa jeunesse en raison de l'absence de perspectives économiques. La relation de cause à effet est dès lors vite établie avec le nombre important d'habitants de Derna candidats au jihad en Iraq. Au final, tout le monde est content. Les préoccupations américaines rejoignent celles affichées par le colonel Kadhafi. Derna est bien un fief islamiste… et la Cyrénaïque aussi par extension. Le spectre d'al-Qaïda planant sur la Cyrénaïque peut continuer d'être brandi par le pouvoir.

Un retour à Derna s'impose.
Outre l'existence d'un centre ville, ce qui frappe le plus en y arrivant ce n'est ni la ferveur religieuse

---

[1]. Ce télégramme a été mis en ligne par Wikileaks.

exacerbée, ni le rejet de l'étranger. Les gens y sont accueillants au contraire, et il n'est pas besoin d'y rester longtemps pour qu'ils vous ouvrent leurs portes et vous invitent à partager un repas chez eux. Contrairement à ses voisines de même importance que sont Tobrouk, al-Bayda et al-Marj, il se dégage du centre ville de Derna une impression de dynamisme. Le marché couvert en est le centre nerveux. On y trouve de nombreux produits qui ne sont pas disponibles ailleurs, notamment des épices. Ces produits de toutes sortes sont acheminés d'Égypte par la route et d'Europe et d'Asie par voie maritime (*via* les ports de Benghazi et Misrata où les habitants de Derna disposent de nombreuses connexions). Fait exceptionnel en Libye, la librairie du centre ville [1] vend les journaux locaux de toutes les chaabiyates de la région, y compris celui de la chaabiyate d'al-Koufra pourtant distante de plus de 1 000 kilomètres. Fier de sa boutique, le libraire affirme qu'il a pris l'initiative de vendre ces journaux pour répondre à la demande de sa clientèle composée de membres de la quasi-totalité des tribus de Cyrénaïque et qui souhaitent avoir des nouvelles de leur

---

1. Contrairement à celles de Tobrouk et d'al-Bayda, la librairie de Derna dispose d'un grand nombre d'ouvrage sur des sujets variés.

région d'origine[1]. Derna se distingue aussi par la capacité d'initiative de ses habitants. On trouve ainsi à Derna un musée d'histoire et de traditions locales, fruit du travail de l'association « La Hyène » qui regroupe 200 bénévoles. On peut citer également l'existence d'un petit hôtel privé, certes modeste et en état de délabrement avancé, mais qui détonne avec le style stéréotypé à la soviétique des hôtels d'État libyens de Tobrouk et d'al-Bayda. En face, la mosquée al-Kabir est restaurée par des étudiants bénévoles sous la supervision d'un commerçant du marché voisin féru d'architecture islamique et byzantine. Confronté à des difficultés dans la restauration des colonnes byzantines de sa mosquée, cet homme enthousiaste a d'ailleurs pris l'initiative de prendre contact avec les archéologues français travaillant à la restauration d'une église byzantine non loin de Derna. Un peu plus loin, ce sont les bâtiments superbes de l'ancien évêché italien qui ont été reconvertis en « maison de la culture » par une association de la ville qui y expose les travaux de jeunes peintres locaux. Le tableau

---

[1]. Contrairement à la presse nationale qui se contente le plus souvent de véhiculer le discours officiels, la presse locale apporte souvent des informations moins « formatées ». Ses pages d'opinion présentent en outre des débats et des critiques qui n'apparaissent pas dans la presse nationale éditée à Tripoli.

serait incomplet si l'on oubliait de citer la petite communauté de sœurs italiennes qui travaillent depuis plus de trente ans pour l'hôpital de Derna ainsi que le prêtre polonais demeurant à Derna dont le secteur d'activités inclut également Tobrouk et al-Bayda. Ces représentants du clergé catholique entretiennent d'excellentes relations tant avec la population qu'avec les autorités religieuses officielles de la ville. Une visite dans les grandes mosquées de la ville toutes ouvertes aux non-musulmans ne laisse pas non plus entrevoir l'hostilité vis-à-vis de l'étranger ou le repli sur soi qui sont communément attribués aux habitants de Derna.

Le sentiment d'identité affirmé des habitants de Derna est bien réel et s'accompagne d'une conscience politique marquée et d'un fort respect pour les traditions. Derrière le dynamisme et les initiatives personnelles pointent donc la frustration et le ressentiment à l'encontre du régime. Cette frustration est d'autant plus forte que les habitants de Derna ne disposent pas de relais dans les cercles d'influence de Tripoli.

Qu'il existe une jeunesse frustrée et désespérée à Derna, comme partout ailleurs en Libye, est une évidence. Le contraire serait surprenant compte tenu de l'abandon quasi total de cette ville par le régime. Que des jeunes se réfugient dans la drogue, les conduites à risques, voire le jihad en Iraq n'est pas non plus surprenant compte tenu de cette absence de perspectives, de liberté et de prise en compte de leur identité par le pouvoir. De là à dire que ses habitants projettent d'y instaurer un émirat islamique, il y a un fossé, que franchit pourtant allègrement le colonel Kadhafi.

Tobrouk. « Tout ce que vous ne pouvez pas imaginer »

Tobrouk, port en eau profonde et point de passage obligé sur la route vers l'Égypte, occupe une position stratégique, ce qui lui a valu de devenir célèbre pendant la Seconde Guerre mondiale pour ses batailles[1]. Située à 139 kilomètres de la frontière, Tobrouk est la dernière grande ville avant l'Égypte. Deux routes y conduisent depuis la Tripolitaine. La première traverse le djebel Akhdar pour rejoindre Benghazi, la seconde coupe à travers le désert et rejoint la route pour Tripoli à Ajdabiya. Une troisième route en direction du sud rejoint Jaghboub, dernière agglomération avant l'immensité des champs de dunes du désert libyque. Le port

---

1. Voir aussi *Un taxi pour Tobrouk* aux dialogues signés Michel Audiard, devenu un classique du cinéma français. Le film n'a pas été tourné en Libye.

de Tobrouk est relié par oléoduc au champ de pétrole de Sarir distant de 450 kilomètres. Sa population qui dépasse les 120 000 habitants en fait la plus grande ville de Cyrénaïque après Benghazi. Bordée de plages superbes, Tobrouk possède donc sur le papier tous les atouts qui auraient pu en faire un modèle de développement.

Pourtant, nul besoin de rester des semaines à Tobrouk pour prendre conscience de l'ampleur du gâchis. Au sens propre tout d'abord. Comme l'illustre ce récit d'un voyage ordinaire à Tobrouk.

En entrant dans la ville ce jour-là, le visiteur est surpris par les torrents d'eau douce se déversant dans les rues dans un pays désertique où l'eau est une denrée rare. Les habitants, eux, ne semblent guère surpris. Et pour cause, ces trombes d'eau dévalant les rues sont un phénomène quotidien à Tobrouk depuis plusieurs semaines. Y aurait-il une source d'eau souterraine qui jaillirait miraculeusement du sol ? La réalité est moins extraordinaire, mais elle est tout aussi révélatrice. Pour son approvisionnement en eau douce la ville de Tobrouk dispose d'une centrale de désalinisation d'eau de mer flambant neuve après sa réhabilitation récente par une société française. Cette usine ultramoderne ne peut être stoppée facilement après son démarrage. Cela signifie en d'autres termes qu'une fois démarrée, sa production doit être écoulée. Théoriquement tout a été prévu et sa production quotidienne de 400 000 mètres cubes a été calculée sur la base de la consommation estimée et des capacités de stockage de la ville. Les travaux de réfection du réseau d'eau ont été lancés et auraient dû s'achever, selon les plans, avant l'inauguration de la centrale. Le problème de Tobrouk, c'est que le budget de la chaabiyate pour l'année en cours n'ayant toujours pas d'existence officielle en novembre, elle doit fonctionner « à crédit » depuis une dizaine de mois. Elle a donc dû emprunter aux banques de quoi payer de temps en temps les salaires modestes de ses fonctionnaires qui n'ont d'autre choix que d'accepter de ne pas être payés. Mais avec la société allemande en charge de la réfection du réseau d'eau, c'est plus difficile. La position de l'entreprise est claire : « Plus de travaux tant que l'argent n'a pas été versé ! » Les 200 000 mètres cubes d'eau non distribués sont donc déversés dans les rues. Mais cela ne règle pas le problème des quartiers périphériques de la ville qui, faute de réseau, ne sont plus alimentés en eau. Heureusement pour eux les autorités sont là ! Le secrétaire de la chaabiyate a mis en place une distribution payante d'eau par citerne aux habitants... Mais les règles de la concurrence pourraient bientôt entraîner une variation des prix à la baisse car le colonel commandant la base aérienne voisine qui dispose de sa propre station de dessalement propose également depuis peu des citernes d'eau à la vente. Il n'y a pas de petit profit pour les services de la chaabiyate sans budget et le secrétaire en charge du tourisme a quant à lui imaginé de faire payer des droits d'entrée aux quatre cimetières militaires de Tobrouk (français, anglais, allemand, Commonwealth) aux sociétés libyennes de tourisme qui y amènent des groupes de visiteurs étrangers. Lors de ses rencontres avec des visiteurs étrangers, il formule aussi le souhait d'« un grand projet de développement touristique pour sa chaabiyate », sa préférence allant à un village de vacances construit par une entreprise étrangère avec des capitaux étrangers sur un terrain loué à la chaabiyate qui percevrait un revenu fixe versé par l'entreprise chargée d'exploiter le village. La question de la main-d'œuvre libyenne pour les emplois de service dans l'enceinte du village lui pose bien un petit problème car les jeunes Libyens sont réticents à occuper ce genre d'emplois traditionnellement confiés à des personnels égyptiens ou marocains. Qu'à cela ne tienne, l'entreprise étrangère pourrait prendre à sa charge la création d'une école hôtelière pour former les jeunes Libyens. La question de l'alcool, interdit en Libye, risque de limiter aussi les perspectives de développement du village mais n'est-ce pas là un détail qui pourra se traiter plus tard ?

En attendant que leurs cadres gestionnaires mettent en œuvre ces projets ambitieux, les habitants de Tobrouk sont sans illusion sur leurs responsables, tant locaux que nationaux. Ils sont unanimes à reconnaître qu'ils sont tous corrompus et se servent de leurs fonctions officielles pour s'enrichir le plus rapidement possible avant de laisser la place à un autre qui fera de même. Ils ne s'en intéressent pas moins aux nominations car une appartenance familiale ou tribale commune avec un responsable est un véritable atout. Pour celui qui souhaite se lancer dans un projet d'entreprise privée, cet appui est en effet bien utile pour surmonter les blocages des services de sécurité et l'inertie de l'administration locale. L'inventivité déployée pour s'adapter et contourner le système n'a d'égale que les stratégies développées pour s'assurer des revenus complémentaires pour compenser l'insuffisance des salaires officiels. Ainsi cet officier de marine marchande de Tobrouk dont la source principale de revenus provient des activités d'importation de voitures qu'il mène pour son propre compte à l'occasion de ses voyages.

En attendant, les jeunes s'évadent en faisant inlassablement le tour de la ville au volant de voitures qui sont leur seul espace de liberté. Les drogues dont l'accès est facile à Tobrouk en sont un autre. Les adultes, eux, quittent la ville quand ils le peuvent pour cet autre espace de liberté qu'est le désert où ils pratiquent la chasse à la gazelle et au mouflon officiellement interdite en Libye.

S'il est une devise qui semble bien correspondre ici à la Libye du colonel Kadhafi, c'est celle des affiches publicitaires éditées par le ministère libyen du Tourisme où figure en lettres blanches sur fond de paysages désertiques : « *Libya : All you can imagine – All you cannot imagine*[1] *!* »

Koufra – L'oasis retrouvée

Dans notre imaginaire, Koufra évoque le plus souvent l'oasis où le futur maréchal Leclerc a prononcé en 1941 son fameux serment. Pour les férus de littérature de voyage, elle est associée aux aventures des audacieux explorateurs du XIXe siècle et du début du XXe siècle partis à la recherche de la mystérieuse oasis de Zerzura. Les passionnés d'histoire militaire penseront aux exploits des unités spéciales britanniques qui, parties de la vallée du Nil, transitaient par Koufra pour s'infiltrer en

---

[1]. « La Libye, tout ce que vous pouvez imaginer, tout ce que vous ne pouvez pas imaginer ! »

Cyrénaïque et harceler les armées allemandes et italiennes. Pour les amateurs de désert enfin, Koufra constitue la base de départ pour l'exploration du djebel al-Ouweinat situé à la frontière du Soudan et de l'Égypte, voire du Gilf el-kebir et de ses peintures rupestres de nageurs dans le désert immortalisées par le film *Le Patient anglais*. Dans la réalité, Koufra est une dépression d'une cinquantaine de kilomètres de long sur vingt kilomètres de large qui comprend trois oasis. Appartenant à la chaabiyate de Koufra, sa population est d'environ 50 000 habitants, dont la moitié d'étrangers. Son chef-lieu est al-Jouf, la plus grande des trois oasis.

Sa situation géographique en fait l'oasis la plus isolée au monde. Située à plus de 800 kilomètres à l'ouest de wadi Halfa sur le Nil, à la même distance de Benghazi au nord et à plus de 600 kilomètres d'Ounianga Kebir au sud, elle est à peu près au centre géométrique du désert libyque. Avec une moyenne de 5 mm de pluie par an contre 100 mm pour le Sahara dans son ensemble, ce désert est considéré comme le plus aride au monde. Durant l'Antiquité, les routes caravanières remontant du sud vers la Méditerranée ne passaient donc pas par Koufra. En 1840, la tribu arabe des Zwaya, de Cyrénaïque s'y installe et cohabitera plus ou moins bien avec les habitants toubous qui y vivaient. Quelques années plus tard en 1895, Sidi Ahmad al-Sharif, le fils du fondateur de la confrérie Sanoussiya, quitte Jaghboub pour s'éloigner des Ottomans et trouve refuge à Koufra où il installe le siège de sa confrérie. Durant l'occupation italienne, Koufra résista jusqu'en 1931, date à laquelle elle fut prise par les troupes du maréchal Grazziani. Dix ans plus tard, la garnison italienne capitula face à la colonne Leclerc partie du Tchad. Dès lors, l'oasis sera administrée par les Britanniques jusqu'à l'indépendance de la Libye en 1951.

Tous ces événements de l'histoire officielle n'ont cependant eu que peu d'impact sur Koufra qui, à l'exception du fort construit par les Italiens, devait ressembler en 1951 à ce qu'elle était un siècle auparavant. Il fallut attendre 1970 pour que Koufra change de visage sous l'impulsion du colonel Kadhafi qui y voyait là l'occasion d'en faire, avec Sebha, l'un des grands symboles de réussite de la révolution libyenne.

Pour se rendre à Koufra aujourd'hui par voie terrestre de Tripoli, le voyageur a le choix entre différents itinéraires en fonction du temps dont il dispose, de son intérêt pour le désert et de son véhicule. S'il aime le désert et dispose de véhicules bien équipés et de bonnes réserves d'eau et de pétrole, il pourra imaginer franchir les 1 600 kilomètres jusqu'à Koufra par l'itinéraire le plus direct consistant à traverser la Libye centrale en contournant le massif du Harouj al-aswad. Il pourra aussi rejoindre Tobrouk puis Jaghboub par la route et tenter la traversée périlleuse des 500 kilomètres de la grande mer de sable jusqu'à Koufra. La solution la plus sage, bien que nettement moins romantique, consiste pourtant à rejoindre Koufra par la route *via* Ajdabiya. « Route » est d'ailleurs un bien grand mot, en particulier pour les 200 derniers kilomètres avant Koufra qui se résument à une succession de plaques de bitumes et de crevasses de largeur variable. Seul un voyage terrestre permet pourtant de ressentir l'éloignement géographique de Koufra.

Si celle-ci méritait sûrement en 1921 le qualificatif d'« oasis perdue » que lui attribua l'explorateur égyptien Hassanein Bey en la découvrant, ce qualificatif ne viendra pas à l'esprit du voyageur qui découvre aujourd'hui Koufra pour la première fois. Son centre ville se distingue en effet par son animation et son dynamisme. On y croise beaucoup d'Africains, principalement tchadiens et soudanais, côtoyant de jeunes Libyens, arabes et toubous. Les boutiques proposent toutes sortes d'articles, allant des sacs, bagages et emballages destinés aux voyageurs, aux équipements informatiques dernier cri. Des cafés Internet sont occupés jour et nuit. Des bâtiments officiels et des logements sociaux de bonne facture attirent l'attention. Rien à voir avec l'impression d'abandon qui se dégage des autres villes de Cyrénaïque. Un peu plus au sud, un immense marché africain de productions agricoles est également très animé. Là, des chèvres soudanaises n'ayant que la peau sur les os s'y négocient. Les commerçants tchadiens ou soudanais sont pour la plupart installés à Koufra depuis plusieurs années. Ils sont arrivés en Libye en camion à travers le désert. Comme tous les immigrants débarquant en Libye, leur arrivée ne s'est pas faite clandestinement. La piste qu'empruntent les camions transportant les immigrants en provenance d'al-Fasher au Soudan entre en effet en Libye à quelques centaines de mètres du poste des gardes-frontières libyens. La route en provenance de Faya au Tchad passe quant à elle devant le poste de garde de la grande base militaire de Maaten as-Sarra située à quelque 350 kilomètres au sud de Koufra. Le voyage N'Djamena-Koufra, soit 2 000 kilomètres en une douzaine de jours, entassés à vingt sur un camion chargé de marchandises et de bagages, coûte environ 200 dinars libyens (140 euros).

En périphérie de la ville, bordant un boulevard surdimensionné, se succèdent les ateliers de mécanique. Mohammad est le propriétaire d'un de ces garages. Originaire de Koufra et membre de la tribu

Zwaya, il a servi dix ans dans l'armée à l'époque de la guerre du Tchad. Il était même en garnison sur la base de Maaten Sarra en 1987 durant l'attaque de la base par des commandos tchadiens infiltrés en territoire libyen. Quelques mois plus tard il quitte l'armée. La Libye a perdu la guerre et l'armée se débarrasse de ses camions Mercedes parfaitement adaptés aux terrains désertiques. En tant que Zwaya, il dispose de quelques relations chez les hauts gradés en charge de ces ventes et Mohammad acquiert son premier camion, en association avec ses frères. Il ne reste plus qu'à le louer à des « transporteurs » spécialisés dans les voyages vers le Soudan ou le Tchad. Les revenus générés lui permettent ensuite d'acheter un petit atelier où il emploie aujourd'hui une dizaine d'ouvriers, principalement originaires du Nigeria, du Ghana et du Soudan. Bien entendu il est spécialisé dans les camions Mercedes !

Bien que rattachée traditionnellement et historiquement à la Cyrénaïque, Koufra ressemble donc plus aux oasis du Fezzan qui ont bénéficié jusqu'au milieu des années 1980 des faveurs du régime en matière d'aides au développement. Il s'agissait alors de faire des régions sahariennes les figures emblématiques de la réussite du régime. Le rêve de voir le désert se couvrir d'exploitations agricoles pouvait se réaliser grâce au pétrole et au volontarisme du régime. Les premiers et les plus ambitieux projets agricoles se trouvaient d'ailleurs dans les espaces sahariens de l'Est libyen (Sarir : 14 000 ha, Koufra : 10 000 ha). L'eau y était puisée à des profondeurs allant de 60 à 100 mètres pour irriguer le sol du désert. Ils produisaient des céréales, pour partie destinées à l'alimentation des animaux (moutons, chèvres, chameaux). En quittant al-Jouf vers l'est, on peut encore apercevoir en limite d'oasis ces cercles de verdure se détachant du sable environnant, irrigués par des rampes circulaires pivotant lentement. Ces grands projets agricoles fonctionnent aujourd'hui au ralenti, victimes tant de leur mauvaise gestion que de la salinisation croissante des sols. Les autorités, conscientes de cet échec, n'y accordent d'ailleurs plus d'importance.

Dans la vieille palmeraie, l'heure n'est plus à la récolte des dattes mais à un nouveau type d'agriculture. Les fermes s'y sont développées ces dernières années autour de nouvelles productions (légumes et fourrage). Les exploitants sont pour la plupart des fonctionnaires qui peuvent ainsi « compléter » leur salaire. Il est difficile de chiffrer les bénéfices qu'ils retirent de leur production dont une partie est vendue à Koufra et une autre expédiée vers la capitale *via* Ajdabiya[1]. Bien sûr ces exploitations ne seraient pas rentables sans la main-d'œuvre étrangère principalement soudanaise et égyptienne. Koufra est donc loin de l'image d'oasis vivant de son commerce de dattes ou d'une agriculture planifiée par le haut, basée sur des grands projets. Comme pour Sebha, son statut de ville frontalière constitue un atout dans sa relation avec le pouvoir central. La puissante tribu des *Zwaya*, majoritaire à Koufra, a donc tout intérêt à la stabilité des équilibres instaurés depuis quarante ans avec le régime du colonel Kadhafi.

D'une certaine façon, Koufra est aussi éloignée géographiquement de Tripoli qu'elle en est proche politiquement.

Fezzan

Sebha : pièce maîtresse du pouvoir kadhafien

Nous sommes à Toummo, point d'entrée en Libye en provenance du Niger. Le site est appelé aussi bir Waar que l'on pourrait traduire par « puits difficile d'accès ». La source en question est toujours

---

[1]. Malgré son piètre état, la route en direction d'Ajdabiya est empruntée quotidiennement par des dizaines de camions chargés de marchandises, de troupeaux de bétail, de chameaux en provenance du Soudan et de migrants africains.

là aujourd'hui, bien cachée au pied d'une falaise du djebel Toummo qui se rattache au massif du Tibesti. « Inaccessible » est un qualificatif adapté au site compte tenu de son isolement. Au sud, Madama, le premier point habité au Niger, est à quelque 150 kilomètres. Au nord, le village de Tajerhi, première agglomération libyenne, est à plus de 270 kilomètres. À l'est, c'est le massif du Tibesti partagé entre la Libye et le Tchad voisin.

Aujourd'hui, c'est un bon jour pour les militaires du poste frontière libyen de Toummo. Deux camions de migrants en provenance du Niger viennent de stopper devant le poste et il s'agit maintenant de « contrôler » la vingtaine d'hommes jeunes juchés sur un amoncellement de bagages entassés pêle-mêle dans le camion. Le chef de poste regarde ses hommes se diriger vers les camions la kalachnikov en bandoulière. Il est originaire de Tripoli. Ni lui ni les dix hommes de son poste ne sont des Sahariens et ils n'aiment pas vraiment cette région perdue. En théorie, la durée de leur détachement à Toummo ne dépasse pas un mois mais il arrive souvent que la relève ait plusieurs jours de retard. Il sort et salue les chauffeurs, de jeunes Qadadfas de Sebha ainsi que l'accompagnateur toubou originaire de Tajerhi qui est avec eux. Ils lui donnent les quelques cartouches de cigarettes qu'il leur avait demandées à leur dernier passage[1]. On fume beaucoup à Toummo pour tromper l'ennui. Pendant ce temps, ses hommes commencent leur opération de contrôle qui se résume à faire payer chaque immigrant 10 dinars libyens chacun (environ 7 euros) au titre de « droit d'entrée » en Libye. Pas de reçu évidemment. Tous les hommes du poste se répartiront ensuite la somme entre eux. Le chef de poste pourra ainsi mettre 1 000 dinars de côté les bons mois, qui s'ajouteront à sa modeste solde de sous-officier qui ne dépasse guère 150 dinars. Il faut bien qu'il y ait quelques avantages à cette affectation désertique.

Une fois passé ce « contrôle » la route est encore longue pour les immigrants africains. Après Toummo, ils longeront pendant quelques kilomètres le sol nivelé de la route Kadhafi dont les travaux sont stoppés depuis plusieurs années[2] puis continueront vers le nord par le petit village toubou de Tajerhi avant d'arriver à l'agglomération d'al-Qatroun. Ils y débarqueront sur la place centrale où ils seront

---

1. Les camions ne voyageant pas à vide, ils transportent à l'aller vers le Niger des produits subventionnés libyens (pâtes, sauce tomate, lait en poudre, riz, huile de maïs…) et du carburant qui seront revendus sur place.

2. La route Kadhafi prévue pour relier Tripoli au Niger fait partie, avec la ligne de chemins de fer devant relier la Tunisie à l'Égypte en longeant la côte, des grands projets d'infrastructure lancés ces dernières années par le colonel Kadhafi.

« contrôlés » à nouveau par les policiers locaux. Après s'être ravitaillés dans les petits commerces de la ville, en majorité tenus par des Nigériens, ils continueront leur chemin en minibus par la route goudronnée jusqu'à Sebha, la capitale du Fezzan, distante de quelque 350 kilomètres de Qatroun.

Mais avant de rejoindre Sebha, attardons-nous un peu dans cette ville frontière type qu'est al-Qatroun. La ville est scindée en plusieurs quartiers qui regroupent chacun une communauté. Dans le centre, ce sont les commerces et les principaux bâtiments officiels dont une bonne demi-douzaine sont liés à la sécurité sous toutes ses formes : sécurité intérieure, sécurité extérieure, sécurité militaire, sécurité populaire locale, police, gardes-frontières, renseignements et police militaires. Les Toubous sont regroupés dans un autre quartier de même que les travailleurs africains employés dans les nombreuses petites exploitations agricoles privées qui ont fleuri ces dernières années autour d'al-Qatroun. Gérées sur un mode familial et utilisant une main-d'œuvre étrangère répartie en fonction de ses compétences[1], ces

---

1. Les Égyptiens originaires du delta du Nil sont appréciés pour leurs compétences techniques mises à profit dans l'aménagement et l'irrigation des parcelles. Les Tchadiens sont en charge du petit cheptel de chèvres et de moutons. Les Nigériens et Maliens constituent plutôt en général la main-d'œuvre non qualifiée.

petites exploitations ont une superficie moyenne d'une dizaine d'hectares. Elles sont le résultat d'une politique volontariste de l'État lancée à la fin des années 1980 dans le but de relancer l'agriculture « par le bas » après l'échec des grands projets d'agriculture céréalière en zone désertique. Pour ce faire, les exploitants, majoritairement arabes et originaires de la région, ont reçu les crédits nécessaires à l'aménagement de leur parcelle (creusement d'un puits et achat d'une motopompe). Les productions y sont variées et adaptées tant au climat qu'au terrain : bersim et luzerne pour l'alimentation des bêtes, oignons, agrumes, palmiers, arbres fruitiers et élevage d'ovins. Ce qui n'est pas consommé sur place par les exploitants ou utilisé pour la nourriture des dromadaires est ensuite acheminé à Sebha ou en Tripolitaine pour y être vendu.

Comme pour Koufra, l'objectif initial de l'État était de renforcer son contrôle sur des régions de transits sensibles et d'y fixer des populations en les intéressant à des projets agricoles réalistes. Cette politique volontariste a bénéficié certes de l'utilisation d'une main-d'œuvre locale sous-payée mais, au vu des résultats, elle apparaît indéniablement comme une réussite.

Le transit de dromadaires en provenance du Niger apporte également une activité importante pour la ville. C'est ici en effet qu'arrivent une partie des dromadaires du Niger au terme d'une marche d'une vingtaine de jours dans le désert [1]. Ils y restent quelques jours en périphérie de la ville pour s'y reposer et s'alimenter avant de reprendre leur marche vers Sebha. Une grande partie rejoindra ensuite la Tripolitaine où ils seront abattus pour l'alimentation. Les profits du commerce de dromadaires sont considérables. Un dromadaire d'environ 300 kg acheté 200 dinars libyens au Niger sera revendu 1 000 dinars libyens à Sebha. Les personnels utilisés pour le convoyage de ces dromadaires sont en majorité des Toubous originaires de la région. Cette présence constitue une garantie de sécurité car cette population est réputée attaquer les voyageurs et caravaniers dans ces régions désertiques situées à cheval sur la Libye, le Tchad et le Niger. Après l'annexion de la bande d'Aouzou par la Libye en 1976, le colonel Kadhafi avait accordé la nationalité libyenne aux Toubous qui y séjournaient. Cela allait de pair avec l'octroi d'aides pour s'installer en Libye, principalement dans la région d'al-Qatroun. Les Toubous

---

1. Une autre route transite par l'Algérie et entre en Libye à proximité de la passe d'Anaï pour rejoindre ensuite la ville libyenne de Ghat.

ont été aussi largement approvisionnés en armes pendant cette période d'occupation militaire de la bande d'Aouzou et ils les ont conservées par la suite. Les quelques attaques de voyageurs qui auraient été le fait de populations toubous ces dernières années ont contribué à entretenir leur réputation de coupeurs de routes. Aujourd'hui, nombre de Toubous de la région vivent pauvrement et le convoyage de dromadaires et de camions vers le Niger et le Tchad voisins constitue pour eux une source de revenus intéressante.

La région de Qatroun-Sebha est donc importante à deux titres pour le régime libyen.

Au plan sécuritaire, il s'agit d'une zone frontalière quasi désertique dans toute sa partie sud. La Libye y maintient une base aérienne militaire importante. Le régime libyen entretient par ailleurs une relation de clientélisme avec les populations toubous qui y sont chez elles. Les termes du pacte sont clairs : un intéressement sur le commerce transfrontalier en échange de la sécurité et de la stabilité de la région.

Au plan politique, les revenus importants générés par ces commerces transfrontaliers sont entre les mains d'importantes personnalités qadadfa et magariha de Sebha, occupant ou non des fonctions officielles. Ce sont ces hommes qui sont propriétaires des camions utilisés pour les commerces transfrontaliers. Ce sont eux aussi qui contrôlent les commerces de dromadaires. Ils tirent des trafics d'immigrants et du commerce de denrées des revenus considérables. À Sebha, les vastes villas des quartiers d'al-Manchiya où vivent les qadadfas [1] et d'al-Mahdiya où vivent les magariha témoignent de l'opulence de leurs propriétaires.

La ville de Sebha, située à 700 kilomètres au sud de Tripoli, capitale du Fezzan et quatrième ville du pays après Tripoli, Benghazi et Misrata avec une population proche des 200 000 habitants, est le centre politique et économique de cette région. Au carrefour des routes de Qatroun au sud, de Tripoli au nord, de Ghat et de l'Algérie à l'ouest et des oasis d'al-Joufra au nord-est, elle est un point de passage obligé et un lieu de commerce très actif. Son secrétaire de chaabiyate – équivalent d'un préfet – est de fait toujours choisi parmi la tribu des qadadfa, de même que les responsables sécuritaires de la région.

Comme Koufra, elle a bénéficié d'un plan d'aménagement urbain ambitieux qui lui confère une certaine allure avec ses grands boulevards

---

1. Les qadadfa et les magariha se seraient installés dans le Fezzan au cours des années 1920 pour fuir les Italiens.

périphériques et ses parcs aménagés au centre de la ville. Comme à Koufra règne cette impression d'activité dont l'importante population africaine, qu'elle soit de passage ou installée, contribue pour beaucoup. La politique volontariste de développement « par le haut », qui visait à faire de cette ville une vitrine emblématique du développement saharien en Libye, a rejoint la dynamique locale résultant de sa position géographique de zone de transit pour en faire une ville atypique. Les grands projets agricoles qui y ont vu le jour dans les années 1970 comme à Koufra meurent de leur belle mort tandis qu'une nouvelle génération de Libyens découvre les joies de l'agriculture à une échelle certes plus modeste mais nettement plus rentable et *a priori* plus pérenne.

Les Touaregs quant à eux monopolisent une partie de la rente du tourisme désertique en expansion croissante dans la région. Ils sont bien représentés aux postes de responsabilités de la chaabiyate voisine de Ghat et un officier touareg commande le bataillon de sécurité local, ce qui facilite grandement les choses pour les jeunes Touaregs qui projettent d'ouvrir leur agence de tourisme. Autorisés désormais à acquérir des véhicules 4 × 4 après une dizaine d'années d'interdiction d'importation de ces véhicules pour les particuliers en Libye[1], leurs petites entreprises prospèrent grâce à cette forme de tourisme florissant en Libye.

Les descriptions de Toummo et de Qatroun ne relèvent donc pas que du pittoresque mais sont indispensables pour la compréhension de ce qui se joue à Sebha. Si les problématiques sécuritaires et économiques de la capitale du Fezzan sont de même nature que celles de Koufra, elles en diffèrent néanmoins sur un point important : les revenus des commerces et le contrôle des espaces frontaliers sont attribués ici aux membres de la tribu du colonel Kadhafi et dans une moindre mesure de la tribu des magariha. Ainsi, la position géographique de Sebha, au cœur des axes de communication régionaux, est d'autant plus stratégique qu'elle constitue une source de rétribution indirecte importante des deux tribus considérées comme les plus fidèles soutiens du régime. Sebha et sa région constituent bien une pièce maîtresse du système kadhafien.

Au terme de ce voyage dans les régions libyennes apparaît la diversité des identités, des dynamiques

---

1. Cette interdiction était motivée par des raisons sécuritaires. Les autorités craignaient sans doute que des opposants à bord de véhicules de ce genre puissent s'attaquer aux installations pétrolières dans le désert.

locales et des modalités des relations de chaque région ou ville avec le pouvoir central.

Bien qu'incomplète, la mosaïque qui s'en dégage nous offre néanmoins une grille de lecture utile pour décrypter, non seulement ce qui se joue en ce moment pendant la phase violente que traverse la Libye mais aussi les évolutions ultérieures de ce pays.

Ainsi ne sera-t-on pas étonné, au terme de ce voyage, de constater que, parmi les villes que nous avons traversées, Derna et Tobrouk ont été à la pointe de la révolte dès le début du mois de février 2011 alors que Sebha, Koufra et Tripoli ne l'ont pas été.

7.

Aux origines d'une révolte

Il est toujours hasardeux de vouloir *a posteriori* s'essayer à déterminer les origines d'un événement. Il existe en effet rarement de relation de cause à effet avérée entre deux événements. Les mêmes causes auraient pu produire d'autres effets et les événements auraient pu se produire avec des conditions initiales différentes. Nous nous contenterons donc de présenter ici les facteurs qui peuvent avoir joué un rôle dans le déclenchement de l'insurrection du 17 février 2011 en Libye.

Cyrénaïque, les raisons de la colère

Jusqu'à la révolution de 1969, la Cyrénaïque dominait politiquement et économiquement le tout jeune État libyen. Son roi, Idriss Ier, qui en était originaire disposait d'une légitimité religieuse. Il disposait aussi de l'appui des grandes tribus et les premières exploitations pétrolières eurent lieu en Cyrénaïque. Les élites « bourgeoises » de Benghazi et de Derna avaient été formées dans des universités britanniques, américaines ou égyptiennes. Les premières universités libyennes virent enfin le jour en Cyrénaïque. Enfin, le soutien britannique à la Sanoussiya pendant la guerre contre les Italiens puis au roi Idriss s'était fait au détriment des populations de Tripolitaine et de leurs responsables politiques qui avaient été écartés des centres de décision de Benghazi.

En 1969, l'arrivée du colonel Kadhafi, issu d'une tribu minoritaire de la région du golfe de Syrte, entraîna un basculement progressif du pouvoir vers l'est. Au plan symbolique la capitale de la Libye est passée de Benghazi à Tripoli. Ce transfert des pouvoirs symboliques et politiques vers l'ouest ne s'est pas fait sans heurts et, dès 1969, l'armée est intervenue en Cyrénaïque pour combattre des tribus restées fidèles au roi. Le colonel Kadhafi en tint compte pendant les premières années qui suivirent la révolution jusqu'en 1973, veillant à maintenir en place les vieilles élites de notables de Benghazi et à nouer des alliances avec les grandes tribus de Cyrénaïque. C'est durant cette période qu'il divorce de sa première femme originaire de Tripolitaine pour se remarier avec Safia Farkache, originaire d'al-Bayda et membre de la grande tribu des bara'issa. Au fil des années, le recentrage sur la Tripolitaine et le Fezzan au détriment de la Cyrénaïque s'accentue et les élites de l'Est restent de plus en plus cantonnées à des postes de technocrates. Les gardes prétoriennes recrutent quant à elles exclusivement au sein des tribus de l'Ouest [1] : les qadadfa et leurs alliés, les magariha et les warfalla [2].

---

1. On ne dispose pas bien sûr de données chiffrées précises pour ce qui est des gardes prétoriennes. On citera néanmoins les chiffres suivants qui concernent la police et qui illustrent bien le déséquilibre entre les régions. En juin 2004, sur 138 candidats reçus au concours de l'académie de police de Tripoli qui forme en quatre ans les officiers de police, de la sécurité intérieure, de la sécurité extérieure et des douanes, seuls 16 étaient originaires de Cyrénaïque dont 9 de Benghazi (source journal *al-Mizan* du 15 juin 2004). Selon différentes sources, le déséquilibre ne serait pas dû à un manque de candidats en provenance de Cyrénaïque.

2. Cette tribu dont le fief est situé à Bani Walid (120 kilomètres au sud-est de Tripoli) et forte de plusieurs centaines de membres était bien représentée dans l'armée jusqu'en 1993, date à laquelle un complot impliquant plusieurs officiers warfalla aurait été déjoué. Depuis, les warfalla ont été écartés des postes sensibles.

Dans le système clientéliste qui caractérise l'État rentier libyen, nous avons vu que le corollaire de la faiblesse de représentation d'une communauté au niveau central est la faiblesse de la redistribution de la rente dans sa région d'origine. Ce recentrage sur l'Ouest s'est donc traduit, dès le début des années 1980 par des retards, voire des annulations de versements des budgets des autorités locales de Cyrénaïque, entraînant le délitement progressif du secteur de la santé, des retards dans la construction de logements et le délabrement des infrastructures étatiques. Ce qui a été décrit précédemment dans le chapitre sur Tobrouk aurait pu l'être tout autant pour les villes de Benghazi, al-Marj ou al-Bayda, le centre ville de Benghazi ressemblant alors plus à un champ de ruines qu'au centre de la deuxième plus grande ville du pays. Tout cela a contribué à entretenir un mécontentement chronique. Les mouvements de contestation se succédèrent, réprimés violemment. La défiance des autorités à l'égard de la Cyrénaïque et plus particulièrement des villes de Benghazi et Derna s'amplifia, entretenant ainsi le cycle contestation – répression – contestation avec des pics de violence comme à Derna en 1996. Toute occasion est prétexte à exprimer son mécontentement et les matchs du club de football de Saadi Kadhafi avec le club local de Benghazi donnent plus d'une fois lieu à des scènes d'émeutes auxquelles les forces de sécurité et les gardes du corps de Saadi répondent par des tirs à balles réelles.

C'est dans ce contexte déjà tendu qu'éclate en 1998 ce qui devait devenir plus tard « l'affaire des infirmières bulgares ». Une cinquantaine d'enfants[1] ayant été hospitalisés au service de pédiatrie de l'hôpital de Benghazi sont testés positifs au virus du sida. Les familles des victimes, soutenues par la population de Benghazi, réclament justice. Face à l'ampleur de la colère à Benghazi, les autorités de Tripoli dessaisissent la police locale de l'affaire pour la confier au service de la sécurité extérieure de Tripoli (services secrets). Les infirmières bulgares et le médecin palestinien travaillant dans le service sont arrêtés et finissent par signer des aveux sous la torture. Le chef d'accusation retenu est la contamination volontaire et ils sont condamnés. L'affaire dépasse les frontières de la Libye et un vaste mouvement de soutien international se met en place. Après de longues négociations diplomatiques au terme desquelles l'Union européenne s'engage à dédommager les familles des victimes et la Libye, les

---

[1]. D'autres enfants porteurs du virus seront ensuite découverts, portant au total à près de 400 le nombre d'enfants contaminés par le virus du sida dans l'hôpital de Benghazi.

infirmières bulgares et le médecin palestinien sont finalement libérés et autorisés à quitter la Libye le 24 juillet 2007.

Le fait que cette affaire se soit déroulée à Benghazi n'est pas un hasard. En désignant les infirmières bulgares et le médecin palestinien à la vindicte populaire et en obtenant d'énormes compensations en échange de leur libération, le colonel Kadhafi visait à calmer la colère des victimes et des habitants. Par calcul politique, il n'a pas hésité à faire condamner ces accusés étrangers qui constituaient des boucs émissaires tout désignés.

« Enrichissez-vous ! Pourvu que l'argent du pétrole ne soit pas gaspillé [1] ! »

La suspension des sanctions en 1999 et la « normalisation » progressive des relations de la Libye avec la communauté internationale se sont accompagnées d'une évolution du discours économique du colonel Kadhafi. Place à l'avènement d'un « capitalisme populaire » et d'un « socialisme

---

1. Extrait du discours prononcé par le colonel Kadhafi à Sebha le 1er septembre 2002 à l'occasion du 33e anniversaire de la révolution libyenne.

populaire » censés rompre avec le passé. Moins de trois ans après la levée des sanctions, les autorités libyennes annoncent le lancement d'un vaste programme destiné à augmenter l'efficacité de l'économie par une politique d'ouverture aux investisseurs étrangers et d'encouragement du secteur privé. Cette politique se traduit le 1er janvier 2002 par la dévaluation de 51 % du cours officiel du dinar libyen par rapport au dollar. L'augmentation de 50 % des prix des produits importés qui en résulte n'est que partiellement compensée par la baisse de moitié des droits de douane. Dans une logique d'encouragement du secteur privé, la loi votée en 2000 qui imposait à toute société libyenne de compter au minimum 500 actionnaires a été amendée et le nombre d'actionnaires réduit à 25. Les experts économiques et le FMI se réjouissent et les entreprises étrangères voient déjà la possibilité d'immenses contrats en Libye. Les experts extérieurs veulent croire que le principe selon lequel « l'accumulation primitive du capital » donne naissance à une classe bourgeoise va s'appliquer en Libye ou que « la concurrence libre et non faussée » s'y imposera, ouvrant ainsi le pays aux joies du doux commerce.

Dans la réalité les choses se passent différemment. Les privatisations se font par simple transfert de propriété de structures étatiques vers les bénéficiaires habituels du système clientéliste : famille, grandes tribus de l'Ouest, militaires, cadres des comités révolutionnaires. Le système de redistribution qui avait assuré un minimum de garanties à la population libyenne est démantelé peu à peu. Les subventions sont réduites sur les produits de consommation de base sur lesquels comptent les familles modestes. Dans le même temps, l'entreprise individuelle se heurte toujours aux contrôles tatillons des services de sécurité. Rien n'a changé dans ce domaine. Pour réussir, il faut disposer des bons appuis ou être discret et contourner le système. Loin d'élargir la base du pouvoir, l'évolution engagée contribue au contraire à la rétrécir.

Les fils Kadhafi, nouveaux prédateurs d'un système familio-mafieux

Depuis la fin des années 1990, de nouveaux acteurs sont entrés en scène : les fils Kadhafi. Ceux-ci réclament désormais leur part du butin et, dans le grand jeu de Monopoly qui se joue en Libye, ils se partagent les nouvelles sources de profit générées par la « libéralisation » de l'économie. Cette montée en puissance des fils Kadhafi n'est pas sans susciter des mécontentements au sein des autres cercles du pouvoir jamahirien, voire des règlements de compte violents. Comme en 2004 avec ces scènes de guerre des gangs dignes du film *Le Parrain* qui ont vu s'affronter à la kalachnikov en plein Tripoli les hommes de main de Saadi Kadhafi et d'un des fils du général Abd el-Hafiz Massoud, gouverneur et homme clé de la région de Sebha. L'affaire ne s'est réglée qu'avec l'intervention du Guide qui a limogé le général Massoud.

Mais finalement les cercles traditionnels du pouvoir se sont recomposés autour des nouveaux acteurs et, bon an mal an, le système jamahirien s'est adapté à cette nouvelle donne. Ce système clientéliste éprouvé s'appuyant tant sur les réseaux de solidarité traditionnels de la société libyenne que sur les structures mises en place par le colonel Kadhafi depuis 1975 continuait donc à fonctionner.

Si les fils Kadhafi étaient raillés en Tripolitaine, en Cyrénaïque et en particulier dans les villes de Benghazi et Derna, ils étaient carrément haïs. Avant la chute de Saddam Hussein, la comparaison entre Sayf al-Islam et Saadi Kadhafi et Uday et Qussay, les fils du dictateur iraquien, y était courante.

Dans cette région moralement conservatrice et attachée à son identité traditionnelle, les frasques des fils Kadhafi que des vidéos accessibles sur

Internet montraient faisant la fête en Italie avec des mannequins étaient par ailleurs très mal reçues. Leur enrichissement ostentatoire qui contrastait avec les difficultés économiques et sociales et l'inégalité d'accès à la rente qui s'étaient accrues ces dernières années en Cyrénaïque a en outre contribué à accentuer les ressentiments à l'encontre du système. Enfin la perspective à peine voilée d'une évolution dynastique du régime fermait la porte aux espoirs de jours meilleurs après la disparition de Kadhafi père [1].

C'est dans ce contexte de frustration et de colère que les révoltes réussies de Tunisie et d'Égypte, suivies en direct dans tout le pays sur la chaîne satellitaire al-Jazira, ont joué un rôle de catalyseur dans le déclenchement de l'insurrection du 17 février 2011 [2].

---

1. Si cette grille de lecture régionaliste est pertinente pour expliquer la naissance de la révolte en Cyrénaïque, on ne doit pas en conclure pour autant qu'il y aurait d'un côté une Cyrénaïque unanimement révolutionnaire et d'un autre une Tripolitaine et un Fezzan soutenant massivement le colonel Kadhafi. Le cas de la ville de Misrata à l'ouest qui s'est insurgée rapidement est à cet égard remarquable. Il peut s'expliquer néanmoins par l'histoire et la sociologie de cette ville dont la tradition marchande, intellectuelle et les liens familiaux qu'elle entretient avec Benghazi la rapprochent davantage par certains aspects de la Cyrénaïque que de la Tripolitaine.

2. La date du 17 février pour le déclenchement de l'insurrection n'est elle-même pas anodine. C'est en effet à cette même date qu'avait éclaté en 2006 une émeute spontanée en marge d'une manifestation organisée par

AUX ORIGINES D'UNE RÉVOLTE

Comme en Égypte, il semble que ce soit la jeunesse urbaine étudiante, issue de milieux socio-économiques plutôt favorisés et utilisatrice d'Internet et des réseaux sociaux qui ait été à l'origine de la révolte. Ses premiers mots d'ordre étaient « dignité » et « liberté ». La violence de la répression n'a pas suffi cette fois à enrayer la colère spontanée des jeunes manifestants et a, au contraire, amplifié le mouvement qui s'est étendu à d'autres tranches de la population. L'effet de seuil au-delà duquel la majorité bascule dans l'insurrection a été atteint en quelques jours et celle-ci s'est propagée avec succès à toutes les villes de Cyrénaïque et à certaines villes de Tripolitaine.

La « révolution en marche » est toujours d'actualité, mais pour l'instant ce n'est plus le colonel Kadhafi qui en est le guide.

---

le régime devant le consulat italien en protestation contre l'affaire des caricatures de Mahomet parues à l'époque dans un journal danois et reprises par d'autres journaux européens. Cette émeute avait été réprimée violemment par des soldats du bataillon de sécurité Fudeïl bu Umar, qui firent feu à balles réelles, tuant plus d'une dizaine de personnes.

En conclusion…

Pour expliquer la révolte du 17 février à Benghazi, de nombreux observateurs ont insisté sur le rôle important joué par une jeunesse connectée à Internet et aux réseaux Facebook. Ils ont été prompts à la comparer aux jeunesses connectées de Tunisie et d'Égypte. Il me semble néanmoins que le recours au terme générique « jeunesse » – de plus en plus répandu au même titre que les expressions « rue arabe » ou « société civile » – est par trop réducteur. Il existe en effet d'autres villes de Libye, en Tripolitaine et dans le Fezzan où la jeunesse est aussi adepte des nouvelles technologies et des réseaux sociaux. Et pourtant rien de comparable à ce qui s'est passé à

AU CŒUR DE LA LIBYE DE KADHAFI

Benghazi n'est arrivé dans les deux autres capitales régionales que sont Tripoli et Sebha.

À Benghazi, une jeunesse étudiante, issue de milieux socio-économiques plutôt favorisés et utilisatrice d'Internet et des réseaux sociaux a effectivement joué un rôle déterminant en organisant la marche de protestation pacifique du 17 février 2011. Aux mots d'ordre de « dignité » et de « liberté » scandés par les jeunes manifestants, les miliciens et soldats ont répondu par des coups puis par des tirs à tuer à l'arme de guerre. C'est en réaction à cette agression que les habitants se sont mobilisés rapidement pour l'insurrection. Structurés autour des liens de solidarité familiale et tribale avec les victimes de la répression [1] et unis par un même sentiment d'appartenance collective à leur ville, ils ont ainsi porté le combat [2] jusqu'au succès de la révolte.

---

1. Chaque inhumation de martyr tué par les forces de sécurité donnait lieu à des rassemblements de membres de la famille, de la tribu et du quartier du défunt qui rejoignaient ensuite les rangs de l'insurrection.
2. Il a fallu quatre jours aux manifestants désarmés pour réussir l'assaut du bataillon de sécurité Fudeïl Bu Umar de Benghazi. Ces scènes de combat ont été filmées par des jeunes assaillants. On peut les voir dans l'excellent documentaire de la BBC diffusé le 21 mars 2011 – *Fighting Gaddafi*.

CONCLUSION

À plus long terme, une fois la ferveur de la révolte et des combats apaisée, il est peu probable que la seule aspiration à la dignité et à la liberté serve de base à la recomposition de la société libyenne qui n'est porteuse d'aucune tradition étatique. Les leviers des structures tribales et de la rente pétrolière qui ont assuré la stabilité du régime du colonel Kadhafi pendant plus de quarante ans ont donc toutes les chances d'être pérennisés quel que soit le régime qui lui succédera. Vouloir plaquer au cas libyen notre modèle d'accession à la modernité où l'individu prime sur le groupe et où les liens choisis priment sur les liens du sang est une erreur. Comme il serait une erreur de vouloir comparer la jeunesse libyenne à la jeunesse tunisienne et à la jeunesse égyptienne ou de considérer Facebook et les réseaux sociaux comme une condition nécessaire et suffisante pour abattre les dictateurs.

Dans notre entendement, le mot tribu est souvent porteur d'une connotation passéiste et réductrice car nous l'associons à un stade primitif de développement des sociétés humaines. Il est ainsi souvent associé à des expressions négatives comme « guerre tribale ». S'agissant du monde arabe moderne et de la Libye en particulier, le mot tribu définit un réseau de solidarité fondé sur les liens du sang. En ce sens, la tribu, comme élément structurant et régulateur de violence, a encore de l'avenir en Libye et pourrait constituer un élément de la transition vers une forme de gouvernance respectueuse des valeurs auxquelles sont attachés les Libyens. Cette forme de gouvernance leur serait propre et ne serait comparable ni à celle qui prendra forme en Tunisie, ni à celle qui prendra forme en Égypte.

Si l'on peut attendre d'un régime post-Kadhafi qu'il soit plus redistributeur et plus respectueux des droits de l'homme, les données structurelles de la rente et de l'organisation sociale sont en revanche étroitement liées au clientélisme qui risque donc de demeurer encore longtemps une tendance lourde de la société libyenne.

Quelle que soit l'issue de la crise actuelle, il reviendra aux Libyens et à eux seuls de trouver l'organisation originale qui leur conviendra, conciliant le respect des traditions auxquelles la majorité d'entre eux est attachée et l'aspiration légitime à la dignité et à la liberté dont ils ont été privés depuis quarante ans.

CHRONOLOGIE SÉLECTIVE DE LA LIBYE CONTEMPORAINE

1911 : Début de l'occupation italienne.
1940 : Seconde Guerre mondiale.
1943-1951 : Cyrénaïque, Tripolitaine et Fezzan sous tutelle internationale.
1951 : Proclamation de l'État libyen. Monarchie du roi Idriss Ier.
1959 : Premier puits de pétrole en exploitation.
1961 : Premières exportations de pétrole.
1969 : Coup d'État du colonel Kadhafi.
1973 : Avril, discours de Zwara.
Novembre, occupation de la bande d'Aouzou.
1976 : Parution du *Livre vert*.
Annexion par la Libye de la bande d'Aouzou.
1977 : Proclamation de la Jamahiriya.

1986 : Raid américain sur les résidences du colonel Kadhafi à Tripoli et Benghazi.
1988 : Explosion du Boeing 747 de la Pan Am au-dessus de Lockerbie.
1989 : Explosion du DC 10 d'UTA au-dessus du Niger.
1992 : L'ONU impose un embargo aérien et militaire à la Libye.
1998 : L'Organisation de l'Unité Africaine lève partiellement l'embargo aérien sur la Libye.
1999 : Condamnation par contumace par la justice française à la prison à vie de six agents libyens dont le colonel Abdallah Senoussi, accusés d'être les auteurs de l'attentat du DC10.
2000 : Exactions contre des travailleurs africains à Zawiya (bilan officiel : dix morts).
2001 : Le colonel Kadhafi se positionne fermement contre le terrorisme au lendemain du 11 Septembre et propose « une aide au gouvernement américain ».
2003 : Septembre, levée des sanctions de l'ONU après règlement des affaires UTA et Pan Am.
Décembre, renonciation de la Libye à ses projets balistiques et NBC.
2004 : Levée d'une partie des sanctions américaines et des sanctions européennes.
2006 : Condamnation à mort des infirmières bulgares.
2007 : Juillet, libération des infirmières bulgares.
Décembre, visite officielle du colonel Kadhafi en France.
17 février 2011 : Début de l'insurrection populaire en Cyrénaïque.

REMERCIEMENTS

Je tiens à exprimer ma gratitude envers les personnes suivantes :

Issa, mon chauffeur-mécanicien et ami fidèle avec qui j'ai parcouru quelques dizaines de milliers de kilomètres en Libye et qui a dû se demander plus d'une fois ce qui me poussait vers les endroits les plus reculés du pays.

L'ambassadeur Jean-Jacques Beaussou pour sa confiance et son soutien constant à mon travail de terrain, malgré les longues absences du bureau qu'il impliquait. Son exigence intellectuelle, sa curiosité sincère pour la Libye et son peuple, son enthousiasme et nos longues conversations ont été pour moi de précieux stimulants.

Muriel Hees pour sa recommandation bienveillante auprès de la maison Lattès.

Karina Hocine et Anne-Sophie Stefanini pour leur soutien chaleureux et efficace. Grâce à elles, j'ai découvert que la publication d'un livre est aussi une belle aventure collective.

Et Charles Personnaz, enfin, pour son amitié, son écoute et ses conseils, en particulier sur la partie historique.

Table

Les principaux acteurs 9

Introduction 21

1. La terre et les hommes 27
   Un pays immense et désertique 27
   Une population d'une grande homogénéité ethnolinguistique 29

2. Un État jeune sur une terre de vieilles civilisations 33
   L'Antiquité : l'antagonisme entre Cyrénaïque et Tripolitaine... 33
   Les conquêtes arabes 36
   La Libye ottomane (1551-1911) 37
   La colonisation italienne (1911-1940) 38

La Seconde Guerre mondiale et le processus
　　　d'accession à l'indépendance (1940-1951) .. 43
　　La Libye monarchique et la découverte du
　　　pétrole (1951-1969) 46
　　Le coup d'État du 1er septembre 1969 49

3. Portrait d'un dictateur 51
　　Une enfance pauvre et une conscience politique
　　　révolutionnaire précoce 52
　　La construction idéologique de Mouammar
　　　al-Kadhafi 53
　　Derrière l'image de l'illuminé 56
　　Un homme de pouvoir redoutable 60

4. Les années Kadhafi 63
　　La révolution en marche (1969-1977) 63
　　La Grande Jamahiriya arabe libyenne
　　　populaire et socialiste (à partir de 1977) 67

5. Les leviers du système Kadhafi 71
　　Une adéquation avec certaines valeurs domi-
　　　nantes de la société 72
　　Des outils de répression choyés par le régime 74
　　« Les comités partout » 83
　　Les Tribus 87
　　L'islam et les confréries soufies 94
　　« Le pouvoir du peuple, par le peuple, pour le
　　　peuple » 98
　　Rente pétrolière et clientélisme 105
　　Le sac de rats ou « la stratégie du choc » 115

6. Des régions et des hommes.
Mosaïque libyenne 121
Tripolitaine
  Tripoli, la ville de toutes les ambitions 122
  Zwara, un air d'Afrique subsaharienne au bord de la Méditerranée 127
Cyrénaïque
  Derna – Portrait d'une ville « frondeuse » 130
  Tobrouk. « Tout ce que vous ne pouvez pas imaginer » 141
  Koufra – L'oasis retrouvée 146
Fezzan
  Sebha : pièce maîtresse du pouvoir kadhafien .. 153

7. Aux origines d'une révolte 165
  Cyrénaïque, les raisons de la colère 166
  « Enrichissez-vous ! Pourvu que l'argent du pétrole ne soit pas gaspillé ! » 170
  Les fils Kadhafi, nouveaux prédateurs d'un système familio-mafieux 172

En conclusion… 177

Chronologie sélective de la Libye contemporaine 181

Remerciements 183

www.ingramcontent.com/pod-product-compliance
Lightning Source LLC
Chambersburg PA
CBHW051745230426
43670CB00012B/2168